周南南　李宝瑜　著

中国国民收入核算矩阵的编制与应用研究

Study on the Preparation and
Application of Chinese National Income Accounting Matrix

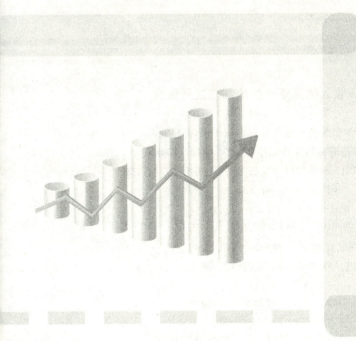

经济科学出版社
Economic Science Press

图书在版编目（CIP）数据

中国国民收入核算矩阵的编制与应用研究/周南南，
李宝瑜著 . —北京：经济科学出版社，2014.12
ISBN 978 - 7 - 5141 - 5382 - 8

Ⅰ. ①中⋯ Ⅱ. ①周⋯②李⋯ Ⅲ. ①国民收入分配 -
研究 - 中国 Ⅳ. ①F124.7

中国版本图书馆 CIP 数据核字（2015）第 004466 号

责任编辑：柳　　敏　于海汛
责任校对：王苗苗
版式设计：齐　　杰
责任印制：李　　鹏

中国国民收入核算矩阵的编制与应用研究
周南南　李宝瑜　著
经济科学出版社出版、发行　新华书店经销
社址：北京市海淀区阜成路甲 28 号　邮编：100142
总编部电话：010 - 88191217　发行部电话：010 - 88191522
网址：www. esp. com. cn
电子邮件：esp@ esp. com. cn
天猫网店：经济科学出版社旗舰店
网址：http: //jjkxcbs. tmall. com
北京汉德鼎印刷有限公司印刷
三河市华玉装订厂装订
710 × 1000　16 开　12 印张　210000 字
2015 年 2 月第 1 版　2015 年 2 月第 1 次印刷
ISBN 978 - 7 - 5141 - 5382 - 8　定价：30.00 元
（图书出现印装问题，本社负责调换。电话：010 - 88191502）
（版权所有　侵权必究　举报电话：010 - 88191586
电子邮箱：dbts@ esp. com. cn）

前　　言

　　近年来，国家面临经济发展的全面转型时期，当前国民收入分配中存在的问题已经被全社会所周知并引起国内外重视，但国民经济部门间收入分配关系的不合理性还未引起各方充分重视，国内对政府、非金融企业、金融企业、居民和国外各机构部门相互之间收入分配关系及其体制的研究，还仅仅停留在国民收入的初次分配关系方面，对于再分配中的关系还涉及不多。对此，还需要将初次分配和再分配过程联系起来，从全局出发进行系统性研究。在方法论方面，还需要结合国民经济核算体系，创新研究方法，运用国内外先进的统计方法进行深入研究。

　　国民收入核算矩阵也称为国民收入流量表，它将各机构部门的国民收入相关账户合并在一张表中，是用来反映一经济体系内各机构部门间收入初次分配与再分配以及消费支出、储蓄之间关系的平衡表。国家统计局称之为资金流量实物交易表，它是与另一张资金流量金融交易表相对应的。国民收入流量表有两种形式：一种是账户式，另一种是矩阵式。账户式国民收入流量表是按照国民经济核算中的机构部门分类，每个部门一个账户，账户中记录部门对应的各项交易，每个账户由来源方和使用方组成，且来源方和使用方合计相等，即账户内部平衡。在整个经济总体中，每项交易有收方和支方，且收支双方相等，即账户外部均衡。矩阵式国民收入流量表是将部门的来源方和使用方分开，按相同的顺序分别排列在表的行和列中，行表示收入，列表示支出，成为一张纵横交错的平衡表。账户式国民收入平衡表便于直观地观察每个部门的收支对应关系，所以，现行国家官方公布统计数据一般采用账户式，而矩阵式国民收入平衡表更便于建立数学模型进行经济分析。

　　国民收入核算矩阵就是用国民收入流量表的矩阵表式，反映国民收入的形成、初次分配与再分配以及消费、储蓄资金在机构部门间流动过程的矩阵表。它是社会核算矩阵（SAM）的一个组成部分，与投入产出核算矩阵、投资与金融流量核算矩阵、国际收支核算矩阵、国民经济资产负债核算矩阵一同构成一个完整的社会核算矩阵。

本书首先设计并编制连续年度的国民收入核算矩阵"部门×交易"表（即"Section – BY – Transaction"，缩写为"S – BY – T"）和"部门×部门"表（即"Section – BY – Section"，缩写为"S – BY – S"），并在此基础上设计和建立了一套专门的系统模型和分析方法，将初次分配和再分配过程连接起来，模拟国民收入在部门之间的流动和传递关系，在更宏观的层面上分析国民收入部门间分配与再分配关系，为改善我国的国民收入分配结构、政府制定国民收入分配政策提供依据，同时也为推动我国国民收入分配问题的学术研究向更深和更高层次迈进做出贡献。具体的研究思路和主要研究内容是：

第一，编制国民收入核算矩阵"S – BY – T"和"S – BY – S"表。国民收入核算矩阵包括两种表式，分别是"S – BY – T"表和"S – BY – S"表。本书分别对两种表式进行了设计，对两表的平衡关系进行了介绍，并利用我国的国民收入实际数据对两表进行了编制。国民收入核算矩阵"S – BY – T"表的具体编制可以直接由复式记账法的资金流量表实物交易数据进行简单处理得到；而国民收入核算矩阵"S – BY – S"表的数据需要在"S – BY – T"表编制的基础上，将"S – BY – T"表的数据进行部门间流量转移得到。国民收入核算矩阵"S – BY – T"表向"S – BY – S"表转移的方法有两种：部门收入转移法和部门支出转移法。本书对这两种转移方法分别进行了详细的介绍，并使用部门收入转移法对部门收入流量数据进行了转移。

第二，编制国民收入核算矩阵延长表。国民收入核算矩阵数据来源于国家统计局公布的资金流量表实物交易数据，但我国资金流量表实物交易数据一般存在2~3年的时滞。例如，2013年，国家最新公布的2012年中国统计年鉴中资金流量表实物交易表的数据只到2009年。因此，要编制2010~2011年的国民收入核算矩阵，必须首先对国民收入核算矩阵中所涉及的收入与支出流量进行预测。本书设计了一套国民收入流量组合预测模型对未知年份的国民收入核算矩阵表数据进行预测，实际预测中包含的模型有专用状态空间模型、国民收入动态均衡联立方程组模型、RAS、双矩阵RAS等。

第三，构建国民收入核算矩阵基本分析框架并加以应用。基于国民收入核算矩阵"S – BY – T"表可以从分析内容、分析工具、分析对象、分析时期、分析方法的角度分别对部门收入分配关系进行分析。也就是说基于国民收入核算矩阵"S – BY – T"表对部门收入分配关系的分析，可以从初次分配、再分配和收入使用的角度；静态和动态的角度；流量和系数的角度；子矩阵的角度；乘数模型与均衡模型的角度等进行。以国民收入核算矩阵"S – BY – T"表为基础，可以得到三组系数矩阵，分别是部门收入市场份额矩阵与部门支出市场份额矩阵、部门收入结构系数矩阵与部门支出结构系数矩阵、部门分配收入结构系数矩阵和部门分配支出结构系数矩阵。基于国民收入核算矩阵"S – BY – S"表，可以对部门间收入分配关系进行流量和系数的分析。在"S – BY – S"表的基础上，可以得到两组系数矩阵，分别为部门直接收入系数矩阵与部门直接支出系数矩阵、部门分配收入系数矩阵与部门分配支出系数矩阵。本书结合国民收入核算矩阵流量和系数矩阵，对如何基于国民收入核算矩阵对国民收入分配关系进行分析进行了阐述。

第四，设计国民收入核算矩阵乘数模型并加以应用。以国民收入核算矩阵为基础，可以递推出可支配收入的部门乘数模型、增加值的部门乘数模型、生产税净额收入的交易乘数模型、劳动者报酬支出的交易乘数模型等。通过这四个乘数模型的递推可以更清楚地认识国民收入分配间的关系。从可支配收入的部门乘数模型中可以提取出完全收入乘数、依存度和依存度系数、支撑度和支撑度系数；从增加值的部门乘数模型中，可以提取出完全支付乘数、影响力和影响力系数、感应度和感应度系数；从生产税净额收入的交易乘数模型，可以了解政府生产税净额收入对其他收入交易项目的影响；从劳动者报酬支出的交易乘数模型，可以了解劳动者报酬支出对其他支出交易项目的影响。本书对这几组乘数模型分别进行了阐述，并利用其对我国国民收入分配关系进行进一步的分析。

本书是在李宝瑜教授主持的国家社会科学基金重点项目《中国社会核算矩阵研究》研究过程中完成的。本书中一部分内容是《中国社会核算矩阵研究》课题报告的组成部分，也是我博士论文的主要内容。全书由我的导师李宝瑜教授指导——设计总体方案、技术标准，并与我就细节进行讨论，由我完成全部书稿的写作。另外，山西财经大学的张帅、马克卫、张靖、陈晋玲等博士也为本书的修改提出过很多建议，特此致谢！

本书试图将国民收入核算矩阵的编制与模型构建方法与中国的实际结合运用，但由于水平有限，写作时间较仓促，会存在不少的缺陷与问题，殷切期望读者能随时给予批评指正。

周南南
2014 年 9 月

目　　录

第1章　国民收入核算矩阵理论 ……………………………………… 1

1.1　国民收入核算矩阵的概念 …………………………………… 1

1.2　国民收入核算矩阵理论 ……………………………………… 2

1.2.1　凯恩斯国民收入理论 …………………………………… 2

1.2.2　国民收入分配与使用流程及主要核算指标 …………… 7

1.2.3　两类账户——部门账户与交易账户 …………………… 8

1.2.4　从账户到账户表和矩阵表 ……………………………… 10

1.2.5　"部门×交易"矩阵与"部门×部门"矩阵 ………… 11

1.2.6　统计表与延长表 ………………………………………… 12

1.2.7　国民收入核算矩阵与社会核算矩阵 …………………… 12

1.3　本书的研究背景与主要研究内容 …………………………… 14

1.3.1　研究背景 ………………………………………………… 14

1.3.2　研究意义 ………………………………………………… 15

1.3.3　主要研究内容 …………………………………………… 16

1.3.4　本书的主要贡献 ………………………………………… 18

第2章　国民收入核算方法介绍 …………………………………… 20

2.1　国民收入核算矩阵编制方法 ………………………………… 20

2.1.1　国外编制方法 …………………………………………… 20

2.1.2　国内编制方法 …………………………………………… 21

2.2　国民收入流量预测方法 ……………………………………… 24

2.2.1　国外国民收入预测方法 ………………………………… 24

2.2.2　国内国民收入预测方法 ………………………………… 26

2.3　国民收入核算分析方法 ……………………………………… 28

　　2.3.1　基于 SAM 的国民收入分析方法 ………………… 28

　　2.3.2　基于资金流量表的国民收入研究方法 ………… 34

　　2.3.3　基于国民收入账户的国民收入研究方法 ……… 44

　　2.3.4　关于国民收入分析的其他方法 ………………… 46

2.4　国民收入核算方法评述 ……………………………………… 48

第 3 章　国民收入核算矩阵统计表的编制研究 …………………… 50

3.1　国民收入核算矩阵"S – BY – T"表的编制方法 ………… 50

　　3.1.1　国民收入核算矩阵"S – BY – T"表式设计及
　　　　　　平衡关系介绍 ……………………………………… 50

　　3.1.2　编制思路 ……………………………………………… 55

　　3.1.3　编制过程中特殊问题的处理与编制结果 ……… 56

3.2　国民收入核算矩阵"S – BY – S"表的编制方法 ………… 65

　　3.2.1　国民收入核算矩阵"S – BY – S"表式设计及
　　　　　　平衡关系介绍 ……………………………………… 65

　　3.2.2　部门间收入流量矩阵的推算方法 ……………… 66

　　3.2.3　国民收入核算矩阵"S – BY – S"表的实际编制 ……… 69

第 4 章　国民收入核算矩阵延长表的编制研究 …………………… 71

4.1　国民收入核算延长表理论预测模型设计 ………………… 71

4.2　国民收入核算延长表实际预测模型设计 ………………… 73

　　4.2.1　国民收入动态均衡联立方程模型设计 ………… 73

　　4.2.2　专用状态空间总控制数分解模型 ……………… 74

　　4.2.3　RAS 法向量分解模型 …………………………… 76

　　4.2.4　DRAS 法向量分解模型 ………………………… 77

　　4.2.5　联立方程以外的变量预测模型 ………………… 81

4.3　国民收入核算矩阵延长表的实际预测 …………………… 81

　　4.3.1　2010 年和 2011 年延长表的已知信息 ………… 81

　　4.3.2　用国民收入动态均衡联立方程求解主要控制变量 …… 81

　　4.3.3　用状态空间模型分解总控制数 ………………… 84

　　4.3.4　用 RAS 法求解增加值矩阵 …………………… 91

　　4.3.5　用 DRAS 法求解收入和支出矩阵 ·················· 92

　　4.3.6　推导各机构部门储蓄 ···························· 93

　　4.3.7　延长表的实际编制与数据质量的检验 ·········· 93

第 5 章　国民收入核算矩阵的描述性应用研究 ·········· 101

5.1　国民收入核算矩阵分析框架 ······················· 101

5.2　基于国民收入核算矩阵"部门×交易"收入分配
　　关系分析 ··· 105

　　5.2.1　基于"S – BY – T"的收入矩阵表流量与
　　　　　系数分析 ···································· 105

　　5.2.2　基于"S – BY – T"的支出矩阵表流量与
　　　　　系数分析 ···································· 113

5.3　国民收入核算矩阵独立子矩阵分析 ················ 122

　　5.3.1　机构部门增加值矩阵分析 ·················· 122

　　5.3.2　机构部门可支配收入使用矩阵分析 ·········· 126

5.4　基于国民收入核算矩阵的"部门×部门"收入分配
　　关系分析 ··· 130

　　5.4.1　分析方法与思路 ··························· 130

　　5.4.2　基于"S – BY – S"矩阵表的流量分析 ········ 131

　　5.4.3　基于"S – BY – S"矩阵表的系数分析 ········ 134

第 6 章　国民收入核算矩阵的乘数模型研究 ············ 142

6.1　可支配收入的部门乘数模型及乘数效应 ··········· 142

　　6.1.1　可支配收入的部门乘数模型推导与完全收入系数 ····· 142

　　6.1.2　部门依存度和部门依存度系数 ·············· 146

　　6.1.3　部门支撑度和部门支撑度系数 ·············· 148

6.2　增加值的部门乘数模型及乘数效应 ················ 149

　　6.2.1　增加值的部门乘数模型推导与完全支出系数 ······· 149

　　6.2.2　部门影响力和部门影响力系数 ·············· 153

　　6.2.3　部门感应度和部门感应度系数 ·············· 155

6.3　生产税净额收入的交易乘数模型及应用 ··········· 156

6.4　劳动报酬支出的交易乘数模型及应用 ············· 160

第 7 章　在国民收入核算矩阵框架下完善我国资金
　　　　流量表的建议 ……………………………………… 164

附表 1 ……………………………………………………… 168
附表 2 ……………………………………………………… 170
主要参考文献 ……………………………………………… 171

第1章

国民收入核算矩阵理论

1.1 国民收入核算矩阵的概念

国民收入是经济学上的一个重要概念，有狭义和广义之分。狭义的国民收入是指一个国家或地区常住机构单位的生产要素在一定时期内参与生产活动创造从而取得的净收入。广义的国民收入是指生产中创造的净增加值经过初次分配和再分配，到最终使用过程中所形成的各种总量指标。作为国民经济核算体系中五大子系统之一的国民收入核算就是围绕广义的国民收入运动过程，对各种总量指标采用一定的方法进行的统计核算。

国民经济核算体系由投入产出核算、国民收入核算、投资与金融流量核算、国际收支核算、国民经济资产负债核算五大部分组成。国民经济核算体系有四种表现方式，分别是：账户体系、平衡表体系、数学模型体系和图形体系。其中，图形体系只能用于理论描述的形象表示，其他三种方式则可以在账户核算、平衡表的编制、模型分析等方面进行实际运用。而国民收入核算是国民经济核算体系的一个组成部分，因此，国民收入核算也可以用账户式、平衡表式、数学模型、图形这四种方式表现出来。本书所研究的内容是用平衡表的方式展现国民收入核算过程。

国民收入核算矩阵也称为国民收入流量表，是用来反映一经济体系内各机构部门间收入初次分配与再分配以及消费支出、储蓄之间关系的平衡表。把各机构部门的国民收入相关账户合并在一张表中，这张表即可称为国民收入流量表。国家统计局称之为资金流量实物交易表，它是与另一张资金流量金融交易表相对应的。国民收入流量表有两种形式：一种是账户式，另一种是矩阵式。账户式国民收入流量表是按照国民经济核算中的机构部门分类，每个部门一个账户，账户中记录部门对应的各项交易，每个账户由来源方和使用方组成，且来源方和使用方合计相等，即账户内部平衡。在整个经济总体中，每项交易都有收方和支方，且收支双方相等，即账户外部均衡。矩阵式国民收入流量表是将部门的来源方和使用方分开，按相同的顺序分别排列在表的行和列中，行表示收入，列表示支出，成为一张纵横交错的平衡表。账户式国民收入平衡表便于直观地观察每个部门的收支对应关系，所以，现行国家官方公布统计数据一般采用账户式，而矩阵式国民收入平衡表更便于建立数学模型进行经济分析。

国民收入核算矩阵就是用国民收入流量表的矩阵表式，反映国民收入的形成、初次分配与再分配以及消费、储蓄资金在机构部门间流动过程的矩阵表。它是社会核算矩阵（SAM）的一个组成部分，与投入产出核算矩阵，投资与金融流量核算矩阵、国际收支核算矩阵、国民经济资产负债核算矩阵一同构成一个完整的社会核算矩阵。

1.2 国民收入核算矩阵理论

1.2.1 凯恩斯国民收入理论

现代西方经济学理论中，最有代表性的是英国经济学家凯恩斯对经济流量过程的理解。凯恩斯1936年出版的《就业、利息和货币通论》，为建立国民收入账户体系作了理论和方法上的准备。凯恩斯认为，在市场发挥作用的前提下，不能实现供求总量平衡，而存在着有效需求不足。这一理论是凯恩斯的国民收入理论分析框架中典型的变量均衡分析框架。这一理论在凯恩斯国民收入理论模型中有充分的体现，有：国民收入 = 消费 + 投资；储蓄 = 国民收入 – 消费；故，储蓄 = 投资。用数学公式表示为：$Y = C + I$；$S = Y - C$；故 $S = I$，其中，Y 表示国民收入，C 表示消费，S 表示储蓄，I 表示投资。储蓄是收入与消费之间的差额，这一恒等式是凯恩斯对国民收入核算的理论表述，这与 SNA 中收入使用恒等式也是一致的。由此可见，按照凯恩斯理论来看，资本主义经济通常是在未达到充分就业状态的情况下运行的，同需求相比，经济的供给能力是无限大的，价格不会因生产规模的变化而变化，因此，均衡产出和就业是由有效需求决定的。所谓有效需求就是预期给雇主（企业）带来最大利润量的社会总需求，也就是与社会总供给相等从而处于均衡状态的社会总需求。这一凯恩斯理论表述否定了萨伊定律提出的供给会自行创造需求的理论，明确了需求管理在宏观经济管理中的地位。

现代宏观经济学把国民收入的决定作为宏观经济学的中心问题，并在两部门、三部门、四部门的假定条件下，从两部门、三部门、四部门国民经济循环流程图的角度去直观解释整个国家的国民收入形成和决定。在以下两部门、三部门、四部门经济中的国民收入基本公式及投资储蓄恒等式推导过程中，是把折旧和企业间接税先撇开的，实际上，即使把它们考虑进来，这些国民收入的基本公式和投资储蓄恒等式依然是成立的。

在两部门经济循环模型中，经济主体只有家庭和企业。企业和家庭的关系是：家庭向企业提供生产要素，如劳动力、资本、土地和企业家才能；企业向生产要素所有者支付报酬，如工资、利息、租金和利润，这种交易形成生产要素市场。家庭因提供生产要素而得到的全部收入就是国民收入。家庭和企业还存在一种关系：企业购得生产要素后，生产出最终产品和劳务并出售给消费者；作为消费者的家庭用出售生产要素所得到的收入去购买最终产品和劳务，这种交易便形成最终产品市场。一国在一年内生产的最终产品和劳务的价值就是该国的国内生产总值。储蓄是国民收入的漏出量，投资是国民收入的注入量。投资也就是实际资本存量的增加，一是固定资本投资，如增加新的厂房、机器设备等；二是存货投资，指增加原材料储存和增加出售前的制成品的库存。在两部门经济中，国民收入从家庭支出角度看便被分解为消费（C）和储蓄（S），而 C 和 S 是总收入（NI）的组成部分；从企业最终产品角度看，国民产出被分解为消费支出（C）和投资支出（I），而 C 和 I 又是总产出（AE）的组成部分，因此，有：$NI = C + S$ 和 $AE = C + I$。从经济统计角度来看，国民收入一定等于国民产出，即 $NI = AE$，也就是说储蓄一定会等于投资，即 $S = I$。

三部门经济是指企业、家庭和政府三经济主体所组成的经济。政府税收（T_X）最终都是向家庭征收的，政府用于救济经济贫困家庭的支出被称为政府转移支出（T_R），政府的净税收（T_R^N）为政府税收减去政府转移支出，即 $T_R^N = T_X - T_R$。税收是国民收入的漏出量，政府支出（G）是国民收入的注入量。政府支出是指政府对企业生产的最终产品和劳务的购买。在三部门经济中，国民收入被分解成三个组成部分，即消费、储蓄和政府净税收，用数学公式表述为：$NI = C + S + T_R^N$。国民支出被分解成家庭消费支出、企业的投资支出、来自政府的购买支出，用数学公式表述为：$AE = C + I + G$。根据总收入等于总支出，便有：消费 + 储蓄 + 政府净税收 = 家庭消费支出 + 企业的投资支出 + 政府购买支出，即 $C + S + T_R^N = C + I + G$，因此有：$S + T_R^N = I + G$，也可以写为：$I = S + (T_R^N - G)$，这里 $(T_R^N - G)$ 可以看做政府储蓄，即在三部门经济中，储蓄还是等于投资。

　　四部门经济是指整个经济活动的主体由家庭、企业、政府和国外四部门组成。国外经济活动是通过进口、出口以及转移支付来进行的，进口（M）为漏出量，出口（X）为注入量。在四部门经济循环模型中，一个国家的国内生产总值由四部分支出所组成：本国居民对本国产品的消费、企业的投资、政府商品和劳务的支出、外国居民对本国产品的净消费，即外国居民对本国产品的消费扣除本国居民对外国产品的消费，就是净出口。总支出用数学公式表述为：$AE = C + I + G + (X - M)$。从收入的角度看，国民收入由消费、储蓄、政府净税收、本国居民对外国的转移支付（K_r）四部分组成。总收入用数学公式表示为：$NI = C + S + T_R^N + K_r$。一个国家的总收入必然等于总支出，即 $NI = AE$，$C + S + T_R^N + K_r = C + I + G + (X - M)$，因此有 $S + T_R^N + K_r = I + G + (X - M)$，也可以写为：$I = S + (T_R^N - G) + (M - X + K_r)$，这里 S 代表私人储蓄，$(T_R^N - G)$ 代表政府储蓄，$(M - X + K_r)$ 可代表外国对本国的储蓄，即在四部门经济中，储蓄也等于投资。

　　图 1.1 给出了四部门经济循环简易图。循环图显示了整个国家四部门之间的经济循环过程。资金的循环流动通过要素市场、产品和劳务市场以及金融市场把四个经济部门联系在一起。资金以工资、利息、租金的形式通过要素市场从企业流向居民，向政府支付税收并获得政府转移之后，居民把剩余收入——可支配收入——用于私人消费和储蓄。反过来，通过产品和劳务的购买，资金会从政府和居民流向企业，最后对国外的出口会产生资金的流入，而进口则会导致资金流出。如果加总消费者对产品和劳务的购买支出、企业的投资支出、政府对产品和劳务的购买支出，以及净出口，由此得到的资金总流量就代表一个国家生产的最终产品和劳务的全部支出，也就是国内生产总值。

　　凯恩斯在《就业、利息和货币通论》中说明了总收入决定于与总供给相等的总有效需求，而有效需求决定于消费支出和投资支出，由于消费需求在短期内是稳定的，所以有效需求主要取决于投资引诱。投资量决定于资本边际效率和利率，若资本边际效率一定，则投资取决于利率，利率决定于货币数量和流动性偏好即货币需求，货币需求由货币的交易需求与投机需求构成，交易需求决定于收入水平，而投机需求决定于利率水平。在商品市场上，要决定收入必须先决定利率，否则投资水平无法确定，而利率是在货币市场上决定的，在货币市场上，若不先确定一个特定的收入水平，利率又无法确定，而收入又是在商品市场上决定的，因此利率的决定又依赖于商品市场。利率通过投资影响收入，而收入通过货币需求又影响利率。因此凯恩斯理论中，将商品市场与货币市场结合起来，建立一个商品市场和货币市场的一般均衡模型，实现均衡收入的确定，即 IS – LM 模型。

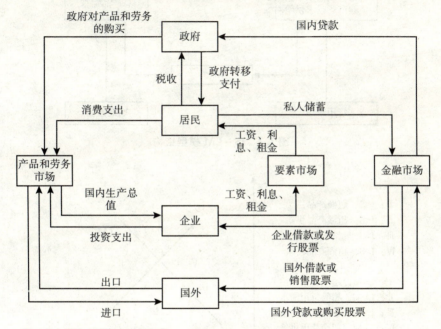

注：图中箭头表示资金流动方向。

图 1.1　四部门经济循环简易图

　　IS – LM 模型是凯恩斯理论精髓的核心。IS 曲线是根据商品市场均衡要求——收入等于计划支出这一观点出发得到的，是一条反映利率和收入相互关系的曲线；LM 曲线是根据货币市场均衡要求——货币供给等于货币需求这一观点出发得到的，也是一条反映利率和收入相互关系的曲线；IS – LM 曲线是把商品市场和货币市场结合起来，建立一个商品市场和货币市场的一般均衡模型，从而得到的曲线。在 IS 曲线上，有一系列利率与相应收入的组合可使商品市场均衡，在 LM 曲线上，有一系列利率与相应收入的组合可使货币市场均衡，但能使商品市场和货币市场同时达到均衡的利率和收入却只有一个，这一均衡利率和收入就是 IS 与 LM 曲线交点上的利率与收入。下面给出 IS – LM 的结构（见图 1.2），IS – LM 曲线以及均衡实现过程图（见图 1.3）。

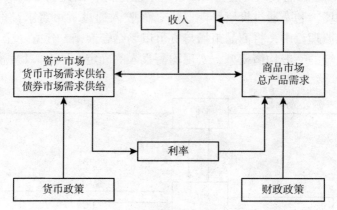

图 1.2   IS – LM 模型结构

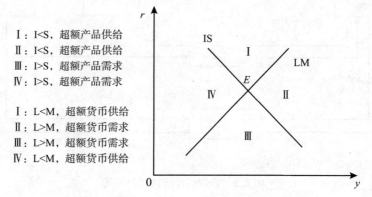

Ⅰ：I<S，超额产品供给
Ⅱ：I<S，超额产品供给
Ⅲ：I>S，超额产品需求
Ⅳ：I>S，超额产品需求

Ⅰ：L<M，超额货币供给
Ⅱ：L>M，超额货币需求
Ⅲ：L>M，超额货币需求
Ⅳ：L<M，超额货币供给

图 1.3   IS – LM 曲线及均衡的实现过程

各个区域中存在的各种不同组合的 IS 与 LM 的非均衡状态会得到调整，IS 曲线不均衡会导致收入变动，投资大于储蓄会导致收入上升，投资小于储蓄会导致收入下降；LM 曲线不均衡会导致利率变动，货币需求大于货币供给会导致利率上升，货币需求小于货币供给会导致利率下降。这种调整最终会趋向于均衡利率和均衡收入点，即 IS 与 LM 的交叉点，即 IS 与 LM 曲线共同决定了均衡收入。

1.2.2　国民收入分配与使用流程及主要核算指标

现代西方经济学中，大多学者都给出了不同的部门经济循环关系，而国民经济核算中，大多学者都给出了按交易分类的收入分配的基本流程（见图 1.4）。收入分配过程以产业部门创造的增加值为起点，经过收入的初次分配（收入的初次分配包含收入的形成与财产收入分配两个过程），形成初次分配总收入；继而经过收入再分配，即转移性分配，形成可支配收入；最后，可支配收入通过消费与储蓄进行支出与使用。至此，完整的国民收入分配与使用过程就完成了。

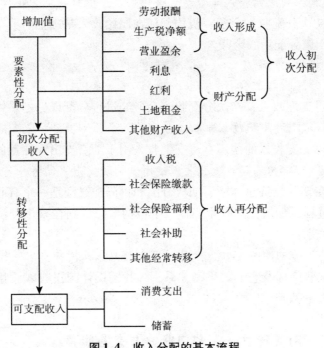

图 1.4　收入分配的基本流程

联合国编制的 SNA2008 指出，由于收入分配过程非常重要，因此有必要区分收入分配的不同步骤，并在不同的账户中分别反映这些步骤。收入分配应该被分解为三个主要的步骤：收入形成、财产分配、收入再分配，它们联合起来解释了增加值到可支配收入的价值分配过程。只要 SNA 中所包含的各种分配性经常交易被实际测算出来，那么增设一些账户既不增加工作量，又可以引出一些平衡项，而且这些平衡项是有意义的收入概念。

SNA2008 指出，收入分配与使用账户是由一套环环相扣的账户组成，它们反映了收入怎样在生产中形成的；怎样分配给那些对生产所创造增加值有贡献的机构单位的；怎样在机构单位之间进行分配的；怎样被住户、政府或为住户服务的非营利机构出于最终消费或储蓄目的而使用的；怎样形成用于财富积累的储蓄的。收入分配账户的内在意义就在于解释作为最终消费者的机构单位的收入分配与使用行为过程。

在国民收入核算中，依据其基本流程，形成一些重要的核算指标：

（1）原始收入：机构部门在生产过程形成的劳动者报酬、生产税净额和营业盈余的总和，它等于产业部门创造的净增加值。

$$\text{机构部门原始收入} = \text{劳动者报酬} + \text{生产税净额} + \text{营业盈余} \quad (1.1)$$

（2）初次分配收入余额：机构部门在原始收入基础上对劳动和资本要素以及生产税分配后的余额。

$$\text{机构部门初次} \atop \text{分配收入余额} = \text{原始} \atop \text{收入} + \text{劳动报酬} \atop \text{净额} + \text{生产税} \atop \text{净额} + \text{财产收入} \atop \text{净额} \quad (1.2)$$

（3）可支配收入：初次分配收入余额经过再分配以后的最终结果。

$$\text{机构部门可支配收入} = \text{初次分配收入余额} + \text{再分配收入净额} \quad (1.3)$$

（4）可支配收入的使用：可支配收入用于消费支出和储蓄的总和。

$$\text{机构部门可支配收入使用} = \text{消费支出} + \text{储蓄} \quad (1.4)$$

（5）在整个经济总体中，初次分配和再分配过程是一个有收有支、收支相等的过程，如果把国外也当作一个机构部门，则在整个经济体系中有如下平衡关系：

$$\text{原始收入} = \text{初次分配收入余额} = \text{可支配收入} = \text{消费支出} + \text{储蓄} \quad (1.5)$$

上述这些指标及它们的平衡关系，为我们设计国民收入流量账户与矩阵奠定了理论基础。

1.2.3 两类账户——部门账户与交易账户

对国民收入的核算首先要设置国民收入核算账户，而且国民收入核算账户有两种分类：一类是部门账户；另一类是交易账户。

国民收入流动及其使用是在部门之间进行的，国民经济部门有两大系类，分别是产业部门和机构部门。产业部门分类是在投入产出核算中采用的，而在国民收入核算中则需要采用机构部门分类。一个机构部门是一些同类"机构单位"的集合，一个机构单位是指能够以自己的名义拥有资产、发生负债、从事经济活动并与其他单位进行交易的经济实体。机构单位的主要属性有：(1) 机构单位有权以自己的名义拥有货物或资产，并因此能够通过与其他机构单位的交易变更对货物或资产的所有权；(2) 机构单位能够做出经济决策、从事经济活动，并以自己的名义在法律上承担相应的直接责任；(3) 机构单位能够代表自己发生负债，或承担其他的义务、承诺，签订合同等；(4) 机构单位或者编制有一套包括资产负债表在内的全套账户，或者在被要求时，有可能编制出这样的全套账户，而且从经济观点看，这种编制是有意义的。

2008 年 SNA 将机构部门划分为非金融公司、金融公司、政府、为住户服务的非营利机构、住户和国外六大机构部门，其中每个部门分类都可以根据需要继续细分类。为住户服务的非营利机构类似于我国的事业单位，我国目前是将其与政府列为一个部门。根据我国国民经济核算体系的分类，我国机构部门分为非金融企业部门、金融企业部门、政府部门、住户部门、国外共五个部门。其中前四类是由"常住机构单位"组成的国内部门，国外部门由"非常住机构单位"组成。"常住机构单位"是在一个国家的经济领土上拥有一个利益中心的单位。

对国民收入与支出流量进行细分，就产生了交易分类。国民收入核算中包含的交易分类有劳动者报酬、生产税净额、利息、红利、租金、其他财产收入、收入税、社会保险缴款、社会保险福利、社会补助、其他经常转移等项目。按照详细的部门分类和交易分类设置账户，然后将所有的部门账户与交易账户合并到一张表中，就会形成国民收入流量表。在国民收入复式记账核算中，两类账户的记账一般规则是：部门账户的支出不是直接对应部门账户的收入，而是对应交易账户的收入，然后再从交易账户支出到部门账户的收入，反之亦然（见图 1.5）。这样就便于既从部门角度观察流量，也便于从交易角度观察流量。

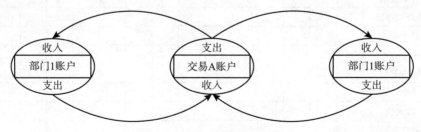

图 1.5　两类账户的记账关系

1.2.4　从账户到账户表和矩阵表

按照国民收入分配和使用流程，依据国民收入分配和使用中存在的各种平衡关系，采用复式记账方法，可以设置若干类别的账户，其中有部门账户和交易账户。交易账户主要有：原始收入形成账户、收入初次分配账户、收入再分配账户、消费账户、储蓄账户。机构部门账户按部门分类标准，每个部门一个账户。将这些部门账户与交易账户合并到一张表中，这张表就是国民收入流量表。国民收入流量表有两种形式：一种是账户式表（见表1.1）；另一种是矩阵式表（见表1.2），两种表式都来自账户的集合，但表式不同。

表1.1中有两种平衡关系：

其一，部门内部的平衡关系：

（1）原始收入＋劳动报酬＋生产税净收入＋财产收入净额＝初次分配收入余额

（2）初次分配收入余额＋再分配收入净额＝可支配收入

（3）可支配收入＝消费支出＋储蓄

其二，部门外部的平衡关系：所有各部门在同一交易项目上的总收入等于总支出。

表1.1　　　　　　　　　　账户式国民收入流量表

	非金融企业部门		金融机构部门		政府部门		住户部门		国外部门		国内合计		合计	
	使用	来源	使用	来源	使用	来源	使用	来源	使用	来源	使用	来源	使用	来源
原始收入														
劳动报酬														
生产税净额														
财产收入														
初次分配收入余额														
经常转移														
收入税														
其他经常转移														
可支配收入														

续表

		非金融企业部门		金融机构部门		政府部门		住户部门		国外部门		国内合计		合计	
		使用	来源	使用	来源	使用	来源	使用	来源	使用	来源	使用	来源	使用	来源
消费															
储蓄															
合计															

矩阵式国民收入流量表即国民收入核算矩阵是将各机构部门的收入和支出分开，分别列到矩阵的收方和支方。

表1.2中的平衡关系包括：

（1）机构部门原始收入＋初次分配收入＋再分配收入＝总收入

（2）机构部门初次分配支出＋再分配支出＋可支配收入＝总支出

（3）机构部门总收入＝机构部门总支出

表1.2　　　　　　　　　　　国民收入核算矩阵

		机构部门		初次分配收入	再分配收入	增加值（原始收入）	合计
		国内部门	国外部门				
机构部门	国内部门						
	国外部门						
初次分配支出							
再分配支出							
可支配收入使用	消费						
	储蓄						
合计							

1.2.5　"部门×交易"矩阵与"部门×部门"矩阵

从前面两种形式的国民收入流量表都可以看出，表中的数据都是"部门×交易"（Sector – By – Transaction，简称为"S – By – T"）形式，即反映部门的某项交易收入与支出情况，而不能直接反映部门与部门的收支关系。为了体现部门与部门之间的收入流量关系，就需要编制"部门×部门"（Sector – By – Sector，简称为"S – By – S"）国民收入核算矩阵（见表1.3）。在S – By – S表中，不再反映部门各项交易数据，只反映部门之间的流量数据。编制 S – By – S 矩阵的目的是直接反映部门间的收入分配关系。

表1.3 中的平衡关系包括：

（1）机构部门间收入 + 原始收入 = 总收入

（2）机构部门间支出 + 可支配收入 = 总支出

（3）机构部门总收入 = 机构部门总支出

表 1. 3 　　　　　　　　　国民收入核算矩阵 "S – BY – S" 表

		机构部门		增加值 （原始收入）	合计
		国内部门	国外部门		
机构部门	国内部门				
	国外部门				
可支配 收入使用	消费				
	储蓄				
合计					

1.2.6　统计表与延长表

每个国家的统计数据都有普遍的滞后性，尤其是国民收入核算数据，一般都会滞后 1 年到几年不等，发达国家滞后期稍微短一些，而发展中国家统计基础薄弱，时效性较差，收入数据的统计更加缓慢。我国国民收入核算数据的公布的滞后期为 2 ~ 3 年。

编制国民收入核算矩阵，需要全面的数据来源，短缺任何一部分数据，账户体系就难以平衡，所以首先必须充分利用国家统计系统公布的统计数据，然后再进行调整。我们将这样编制的国民收入核算矩阵称为统计表。为了解决数据滞后问题，还需要在统计表的基础上将数据在时间上延长到最近时期，这需要设计专门的方法来实现。另外，也许我们还需要在原有的统计表基础上，将数据延长到未来时期，即进行预测，这样，我们将采用专门方法在原有统计表基础上延长或预测的表称为延长表。

1.2.7　国民收入核算矩阵与社会核算矩阵

社会核算矩阵（Social Accounting Matrix，SAM）是用矩阵形式表示的一个简化而完整的国民经济账户体系，它依据经济流量循环过程，通过对国民经济中各关键账户的有序整合，构成了一个综合的宏观经济数据框架，可以对一个国家的经济状况进行整体性描述，同时为宏观经济总体模型的构建提供了数据基础。理论上，SAM 包含了国民经济核算的所有流量和存量账户数据，表现形式上，它是将投入产出表、国民收入流量表、金融与投资流量表、国际收支平衡表和国民经济资产负债表有机结合在一起编制而成的一张矩阵式国民经济综合平衡表。

　　社会核算矩阵（SAM）是唯一一个能够对宏观经济中相关数据进行整体综合表示的数据框架，在经济分析中的优势明显，因此地位举足轻重，历次出版的 SNA 中对其表式及原理均有详细介绍。毫无疑问，历次公布的 SNA 中有关 SAM 的内容代表了国际上 SAM 编制研究的总体进程和最权威成果，其中公布的相关表式也是最规范的表式设计。虽然历次 SNA 修改都给出了 SAM 的标准范式，但是 SAM 的优势之一在于其在社会和经济统计水平分解上面的灵活性，可以根据不同的分析目的具体决定分解程度。这样一来，由于各国实际情况、数据来源、研究者研究目的的差异，每个国家的 SAM 都有自己的特点，研究者在编制过程中对项目、数据的处理也各有特点。

　　国民收入核算矩阵是社会核算矩阵的重要组成部分（见图 1.6），它在社会核算矩阵中通过增加值和消费支出子矩阵与投入产出表连接，增加值矩阵在投入产出表中是产业部门分类，在国民收入流量表中是机构部门分类，消费在国民收入流量表中是机构部门分类，在投入产出表中是产品分类；它与投资和金融流量表是通过储蓄矩阵连接的，虽然储蓄矩阵在国民收入流量表和投资与金融流量表中都要出现，但在前者是余额的概念，是表的终结项目，在后者是起始项目，是资金来源项目；它与国际收支平衡表（国外账户）的关系是双向的收入分配交易，即对应国外经常账户的收入子账户。

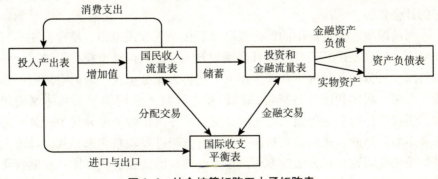

图 1.6　社会核算矩阵五大子矩阵表

1.3 本书的研究背景与主要研究内容

1.3.1 研究背景

对稀缺资源的有效配置和充分利用是经济学家们研究的共识，伴随着全球经济的发展进程，收入分配问题也越来越受到关注，不同学派对于收入分配问题各有自己的认识。新古典经济学家把收入分配问题看做是价格形成问题中的一个方面，他们认为只要市场机制作用能够充分发挥，各生产要素按其价格获得的收入就是公平合理的。旧福利经济学把国民收入的总量与国民收入分配的均等程度作为经济福利提高的充分条件。新福利经济学却把收入分配排除在福利增加的条件之外。社会福利函数论者认为收入分配的公平是社会福利达到最大化的充分条件，经济效率是社会福利达到最大化的必要条件。由于阿波罗不可能定律的存在，经济学家们始终没能找到满足经济效率与公平分配的最优组合点的条件，这也给研究收入分配问题留下了很大的理论空间。第二次世界大战以后，随着凯恩斯主义经济学的崛起和美国新政的大规模实施，收入再分配成为西方经济学和政府调节不平等现象的主要手段，西方福利国家便在这种背景下兴起。20世纪 70 年代中期西方国家爆发了经济停滞与通货膨胀并存的滞胀，引致凯恩斯经济学危机，自由主义经济学思潮再度崛起，福利国家危机论也比较流行，而收入分配问题重新成为西方经济学界关注的一个重大理论和实践问题。这些都为多视角、多方位、多学科综合研究收入分配问题创造了良好的社会氛围。

当前国民收入分配中的四大差距（居民个人收入差距、城乡差距、行业差距、地区差距）已经被全社会所周知并引起国内外重视，但国民经济部门间收入分配关系的不合理性还未引起各方充分重视。国内对政府、企业、金融、居民和国外各机构部门相互之间收入分配关系及其体制的研究，还仅仅停留在国民收入的初次分配关系方面，对于再分配中的关系还涉及不多。对此，还需要将初次分配和再分配过程联系起来，从全局出发进行系统性研究。在方法论方面，还需要结合国民经济核算体系，创新研究方法，运用国内外先进的统计方法进行深入研究。本书拟首先编制已知年份连续年度的国民收入核算矩阵"部门×交易"表，并利用部门流量转移法计算出部门间收入流量数据，编制国民收入核算矩阵"部门×部门"表。在已知表的基础上，设立一组国民收入流量组合预测模型，预测出未知年份国民收入流量数据，编制国民收入核算矩阵延长表，并在国民收入核算矩阵表的基础上，设计和建立专门的系统模型，将初次分配和再分配过程连接起来，模拟国民收入在部门之间的流动和传递关系，在更宏观的层面上分析国民收入部门间分配再分配关系，为改善我国的国民收入分配结构、为政府制定国民收入分配政策提供依据，同时也为推动我国国民收入分配问题的学术研究向更深和更高层次迈进做出贡献。

1.3.2　研究意义

我国国民经济核算体系是将国民收入分配与使用的内容放在资金流量实物交易表中的，因此，国民收入核算矩阵对应数据主要体现在我国官方公布的资金流量实物交易表中。但资金流量实物交易表存在四个问题：

一是我国资金流量实物交易表交叉了收入分配交易与投资交易两种核算内容，而从经济理论看，国民收入及使用过程与投资过程分属于两个经济阶段，各自是相对独立的，应该分属于两个核算子系统，将收入分配交易与投资交易放到一张表中，就失去了平衡表与核算内容的精确对应和匹配关系。

二是我国国民经济核算体系中采用的资金流量实物交易表并非斯通矩阵表式，而是账户式，这样无法满足编制社会核算矩阵的要求。而且只公布"账户式"表，对于建立经济分析模型而言具有较大的困难，更难将国民收入分配流量分析与国民经济核算中的其他分析置于一个大的系统中配合进行。

三是我国官方资金流量实物交易表的公布存在很长的时间滞后，一般为 2~3 年。到 2013 年前半年，官方数据只能得到 2009 年的我国收入分配与使用流量数据，存在 3 年的时间滞后，这样难以满足近期经济分析的需要。

四是账户式资金流量实物交易表只能反映各机构部门的收支交易流量情况，无法反映机构部门与机构部门之间的收入流量与流向关系。这对于全面了解我国收入分配的格局和现状，发现收入分配中存在的问题都是非常不利的。

因此，设计国民收入核算矩阵表的目的是：第一，区分三种不同的流量，以便将来能够建立独立的模型，与投入产出模型、金融流量模型相互衔接，配套运用；第二，方便编制中国完整的社会核算矩阵（SAM）；第三，可以解决我国官方统计数据发布系统内只有"部门×交易"而缺乏"部门×部门"国民收入流量数据的问题；第四，利用预测模型的设计以及延长表的编制，解决官方统计数据滞后问题，能够更及时、准确地评价当前我国收入分配形势；第五，可以在编制连续年份（1992～2011 年）国民收入核算矩阵的基础上，基于国民收入核算矩阵设计一套研究国民收入分配问题的基本分析方法，设计部门乘数模型、交易乘数模型等，将国民收入初次分配和再分配连接起来，为全方位分析国民收入分配关系提供方法依据。

1.3.3 主要研究内容

本书主要从国民收入核算矩阵的编制研究、国民收入核算矩阵延长表编制的推算与编制方法研究、基于国民收入核算矩阵的基本分析方法研究、基于国民收入核算矩阵的乘数分析方法研究等方面对中国国民收入核算矩阵的编制与应用研究进行阐述。具体研究内容如下：

第 1 章是本书的理论支撑和逻辑起点，主要介绍国民收入核算矩阵的概念和编制的理论依据。该部分详细阐述了本书的选题背景和选题意义，介绍了国民收入核算矩阵的概念，理顺了国民收入核算矩阵的编制原理，并对本书的研究内容与框架、研究思路和方法、创新点、重点和难点进行简单说明。

第 2 章是本书研究方法的支撑，主要介绍有关国民收入核算矩阵编制和应用方法的文献综述。目前国内外直接编制国民收入核算矩阵的文献非常少，而且基于国民收入核算矩阵进行收入分配关系分析的文献也寥寥无几。国民收入核算矩阵、国民收入账户、资金流量表实物交易表是对国民收入分配过程这同一内容的不同表现形式。国民收入核算矩阵的数据直接来源于资金流量表实物交易表，而且国民收入核算矩阵是社会核算矩阵的组成部分，所以，该部分首先从与国民收入核算矩阵的编制方法有关的社会核算矩阵、资金流量表和国民收入核算账户的编制方法与演进历程角度进行介绍，以实现国民收入核算矩阵编制的方法支撑；对从社会核算矩阵、资金流量表、国民收入核算账户等角度的有关国民收入分析方法进行总结，以实现基于国民收入核算矩阵对国民收入分配分析的方法支撑。在该部分也涉及以往学者使用的收入预测方法的概括。本章内容的介绍为本书进一步研究以及研究过程中存在的方法改进和创新奠定了基础。

第3章介绍了国民收入核算矩阵的编制问题，主要介绍国民收入核算矩阵"S－BY－T"和"S－BY－S"的表式设计，编制过程中存在的问题处理，以及已知数据年份的实际编制情况。国民收入核算矩阵包括两种表式，分别是"S－BY－T"表和"S－BY－S"表。该部分分别对两种表式进行了设计，对两表的平衡关系进行了介绍，并利用我国的国民收入实际数据对两表进行了编制。国民收入核算矩阵"S－BY－T"表的具体编制可以直接由复式记账法的资金流量表实物交易数据进行简单处理得来，而国民收入核算矩阵"S－BY－S"表的数据需要在"S－BY－T"表编制的基础上，将"S－BY－T"表的数据进行部门间转移得到。国民收入核算矩阵"S－BY－T"表向"S－BY－S"表转移的方法有两种，分别是部门收入转移法和部门支出转移法，该部分对这两种转移方法分别进行了详细的介绍。本书所使用的转移方法是部门收入转移法。

第4章主要介绍未知年份国民收入核算矩阵延长表的编制方法，以及未知年份的实际编制情况。国民收入核算矩阵数据来源于国家统计局公布的资金流量表实物交易数据，但我国资金流量表实物交易数据一般存在2～3年的时滞。例如，2013年，国家最新公布的2012年中国统计年鉴中资金流量表实物交易表的数据只到2009年的。因此，要编制2010～2011年的国民收入核算矩阵，必须首先对国民收入核算矩阵中所涉及的收入与支出流量进行预测。本章设计了一套国民收入流量组合预测模型对未知年份的国民收入核算矩阵表数据进行预测，包含的模型有状态空间模型、联立方程组模型、RAS、双矩阵RAS等。

第5章主要介绍基于国民收入核算矩阵"S－BY－T"表和"S－BY－S"表的国民收入分配关系的基本分析方法。基于国民收入核算矩阵"S－BY－T"表可以从分析内容、分析工具、分析对象、分析时期、分析方法的角度分别对部门收入分配关系进行分析。也就是说基于国民收入核算矩阵"S－BY－T"表对部门收入分配关系的分析，可以从初次分配、再分配和收入使用的角度，静态和动态的角度，流量和系数的角度，子矩阵的角度，乘数模型与均衡模型的角度等进行。以国民收入核算矩阵"S－BY－T"表为基础，可以得到三组系数矩阵，分别是部门收入市场份额矩阵与部门支出市场份额矩阵、部门收入结构系数矩阵与部门支出结构系数矩阵、部门分配收入结构系数矩阵和部门分配支出结构系数矩阵。基于国民收入核算矩阵"S－BY－S"表，可以对部门间收入分配关系进行流量和系数的分析。在"S－BY－S"表的基础上，可以得到两组系数矩阵，分别为部门直接收入系数矩阵与部门直接支出系数矩阵、部门分配收入系数矩阵与部门分配支出系数矩阵。本章结合国民收入核算矩阵流量和系数矩阵，对如何基于国民收入核算矩阵对国民收入分配关系进行分析进行了阐述。

第6章主要介绍了基于国民收入核算矩阵的乘数模型分析方法。以国民收入核算矩阵为基础，可以递推出可支配收入的部门乘数模型、增加值的部门乘数模型、生产税净额收入的交易乘数模型、劳动者报酬支出的交易乘数模型等。通过这四个乘数模型的递推可以更清楚地认识国民收入分配间的关系。从可支配收入的部门乘数模型中可以提取出完全收入乘数、依存度和依存度系数、支撑度和支撑度系数；从增加值的部门乘数模型中，可以提取出完全支付乘数、影响力和影响力系数、感应度和感应度系数；从生产税净额收入的交易乘数模型，可以了解政府生产税净额收入对其他收入交易项目的影响；从劳动者报酬支出的交易乘数模型，可以了解劳动者报酬支出对其他支出交易项目的影响。该部分对这几组乘数模型分别进行了阐述，并利用其对我国国民收入分配关系进行进一步的分析。

第7章是对本书的总结。本章主要从三个方面阐述，一是对国民收入核算矩阵编制方法的总结；二是对基于国民收入核算矩阵应用方法的总结；三是对本书进一步的研究方向进行总结。

1.3.4　本书的主要贡献

目前，国内外对于国民收入分配关系的系统性研究还没有一个较完备、较先进的研究方法，大多数学者对国民收入研究的侧重点都是对国民收入分配现状的描述、对收入分配差距的度量、对收入分配趋势进行经验预测、对收入分配中存在的问题进行定性研究等。利用国民收入核算矩阵进行部门间国民收入分配关系的系统性研究的成果还不多见，整体上还属于一项较新的开创性研究工作，特别是在方法论上还不成熟。

本书从国民收入核算矩阵的设计—国民收入核算矩阵统计表的编制—国民收入核算矩阵延长表的编制—基于国民收入核算矩阵的基本分析—基于国民收入核算矩阵的乘数分析对我国国民收入核算矩阵的编制与应用进行研究。各个研究环节存在的重点和难点有：在我国目前官方公布的国民收入流量数据中，只有"部门×交易"数据，缺乏"部门×部门"数据，必须要在方法论上解决收入在部门间的转移问题；官方公布的国民收入流量数据存在较长的时间滞后，一般有 2~3 年的时间滞后，难以满足当前分析的需要，必须在方法论上解决未知年份数据的预测问题；在国民收入核算矩阵两种表式的基础上，需要建立一整套基于国民收入核算矩阵的收入分配关系的分析方法，包括基本分析方法、乘数模型分析方法的构建，等等。

为解决各个研究环节存在的重点和难点问题，本书整体上既有方法论的创新，也有实际应用领域的创新，可能的创新有以下几个方面：

第一，依据宏观经济学理论，紧密结合 SNA 体系设计的国民收入核算矩阵的表式，改变了国家统计局资金流量实物交易表设计中存在的不合理内容，并在国内首次编制了连续 20 年的国民收入流量表，改变了以往只有编制某单独年份国民收入流量表的情况。

第二，国内首次基于国民收入流量表设计了一套国民收入流量组合理论预测模型，并在历年（1992~2009 年）国民收入核算矩阵编制的基础上，综合使用国民收入动态均衡联立方程模型、DRAS 法、RAS 法、专用状态空间模型等方法，实际编制了 2010 年和 2011 年的延长表，实现了未知数据年份国民收入分配系统内数据的预测，解决了官方统计数据的滞后问题。

第三，实现了部门间收入流量的转移，得到了国民收入"部门×部门"数据。在国民收入核算矩阵"部门×交易"表的基础上，将李宝瑜于 1994 年提出的"部门收入转移法"和"部门支出转移法"应用到国民收入"部门×交易"流量到"部门×部门"流量的转移中，解决了我国官方统计数据系统内缺乏"部门×部门"数据的问题。

第四，初步设计了一个基于国民收入核算矩阵的收入分配关系的基本分析框架，探索了一条国民收入分配关系研究的新方法途径。基于国民收入核算矩阵可以进行收入乘数模型、支出乘数模型、生产税净额乘数模型等乘数模型的推导，并在模型推导的基础上，进行收入分配关系的分析，这在国内尚属首次。在国民收入核算矩阵"S-BY-T"表和"S-BY-S"表的基础上，可以进行流量与系数的分析。在国民收入核算矩阵表的基础上设计了五组系数矩阵，分别是：部门收入市场份额与部门支出市场份额矩阵、部门分配收入结构系数与部门分配支出结构系数矩阵、部门总收入结构系数与部门总支出结构系数矩阵、部门直接收入系数与部门直接支出系数矩阵、部门分配收入系数与部门分配支出系数矩阵，并对这五组系数矩阵的应用进行了介绍。

第 2 章

国民收入核算方法介绍

2.1 国民收入核算矩阵编制方法

目前，国内外关于直接编制国民收入核算矩阵的文献非常之少。本书对国民收入核算矩阵的编制主要是基于国内外社会核算矩阵、国民收入分配账户、资金流量表的编制而进行的。对国民收入核算矩阵编制方法的综述离不开这几个方面的发展和演变。

2.1.1 国外编制方法

国外尚未发现直接编制国民收入核算矩阵的文献，但对国民收入核算矩阵的编制方法离不开资金流量表的编制和研究。20 世纪 30 年代后期，受第二次世界大战的影响，资本主义社会爆发了空前的经济危机，自由放任（即政府毫不干预而完全由市场自行调节的经济运行形式）的经济政策已经无法解决现实经济存在的问题，越来越多的人开始意识到国家需要通过财政政策和货币政策对宏观经济进行干预和调控。1944 年，受美国经济研究局的委托，美国康奈尔大学科普兰教授（A. Copeland）主持了旨在为货币流量提供完整统计描述的研究，开始了对资金流量研究的全面尝试，并于 1947 年 1 月在美国经济学年会上宣读了论文《通过美国经济跟踪货币流通》，这标志着资金流量核算的诞生。同年，美国经济学家米切尔（W. C. Mitchell）也发表了论文《支付流量、概念和数据的初步调查》，首次提出了资金流量的概念和从整体上考察资金动态的观点。1952 年，科普兰教授出版了专著《美国货币流量的研究》，详细阐述了货币流量核算的理论和方法，对美国 1936 ~ 1942 年的资金流量进行了估算。随后，美联储采用了这种资金流量核算方法，于 1955 年编制了第一份货币流量报告《美国的资金流通 1939 ~ 1953》。20 世纪 50 年代后期，为了把握急速变化的资金流动，许多国家都编制了本国的资金流量表。1954 年，日本银行调查统计局以科普兰的研究为依据，开始了本国资金流量核算工作；英国于 1959 年编制出本国完整的资金流量表；加拿大银行于 1955 年开始进行资金流量核算的研究，1959 年发表了其第一张资金流量表；20 世纪 60 年代中期，南斯拉夫国家也建立了资金流量核算体制。由于资金流量核算作为一种对资金流动的描述手段得到绝大多数国家的认可，联合国在 1968 年对 SNA 进行修订时，用资本筹集账户来综合反映资金流量表，正式把资金流量核算纳入国民经济核算体系中去。20 世纪 70 年代后期，资金流量核算在世界许多国家得到推广和应用，在发达国家还出现了一批基于资金流量核算框架而建立的资金流量计量模型。

国民收入核算矩阵是 SAM 的重要组成部分，SAM 中有关收入分配账户的编制对国民收入核算矩阵的编制具有重要的借鉴意义。欧洲央行特耶德·梅利、史蒂文·科伊宁、彼得·麦克亚当和雷蒙德斯·明克（Tjeerd Jellema, Steven Keuning, Peter McAdam and Reimund Mink, 2004）等人尝试编制多国核算矩阵，编制了收入初次分配核算账户和收入再分配核算账户，并将收入初次分配核算账户分为利息收入分配和其他初次收入分配两个账户，用以反映欧元区国家收入分配的情况。澳大利亚政策研究中心费莉希蒂·庞、马尔和里穆（Felicity Pang, G. A. Meagher and G. C. Lim, 2006）编制了 1996 ~ 1997 澳大利亚 SAM，编制数据来源于澳大利亚投入产出表和国民经济核算体系。构建 SAM 包含的收入分配相关表有：利息分配表、红利分配表、自然资产租金分配表、社会援助福利分配表、非寿险保险理赔分配表、非寿险保费收入分配表、其他经常转移分配表以及住户收入账户、非金融企业收入账户、金融机构收入账户、一般政府收入账户和国外收入账户。

2.1.2　国内编制方法

我国资金流量表分为实物交易表和金融交易表，实物交易表主要用来反映收入分配流量的情况，金融交易表主要用于反映我国金融交易流量的情况。所以，对我国国民收入核算矩阵表编制的研究，要首先追溯我国资金流量表的编制与发展历程。我国资金流量表是以联合国1993年版国民经济核算体系（SNA）为模式确定的。指标的概念、定义以及核算原则，总体上采用了SNA的标准，同时又考虑了中国的实际情况，对一些具体问题进行了灵活的处理。

我国资金流量核算研究始于20世纪80年代初。1985年，在国务院国民经济核算领导小组的领导下，成立了由国家计委、财政部、中国人民银行和国家统计局四部门组成的联合研制组，开始研究我国资金流量核算。国家统计局在1986年试编了全国资金流量表简表，1987年组织7个省（市）统计局开展资金流量表的试编工作，经过从理论到实践的过程，初步形成了符合我国国情的资金流量表的基本表式及编制方案。然后又经过国家和各地区的反复实践和修订，确定出我国的资金流量表式，并纳入我国国民经济核算体系中。1992年，国家统计局、中国人民银行、财政部和国家计委四部门联合发出《关于编制资金流量表的通知》，确定了各部门的组织分工：国家统计局负责编制资金流量表实物交易部分，中国人民银行负责编制资金流量表的金融交易部分，财政部负责提供省级以上资金流量核算需要的预算内和预算外收支明细表及企业事业单位有关财务资料，国家计委参与和协调各部门的调查和编制过程中的工作，承担资金流量核算的分析和应用工作。1992年8月，国家统计局核算司召开全国资金流量核算工作会议，正式布置了资金流量核算工作，要求在国家、省（区、市）、计划单列市开展资金流量实物交易的编制工作。

资金流量表在部门分类和项目设置上进行过系统修订。20世纪90年代初期，资金流量表的机构部门分为企业、行政事业单位、财政、金融机构、居民和国外6个部门。这种分类与联合国标准有所不同，差别是我们把政府部门分成了两个部分：一是行政事业单位；二是财政。这样做是为了强调财政的分配功能，当时在资金流量表的主栏上也单列了财政预算内收入、预算外收入，预算内支出、预算外支出等项目，这样做较好地满足了当时宏观经济管理的需要。随着我国市场化程度的不断提高和对外开放程度的不断扩大，那时的资金流量核算方法逐渐暴露出它的局限性，主要是它的机构部门设置与国民经济账户不配套，也不便于和其他国家进行对比。为了增强我国资金流量表的国际可比性，提高国民经济核算体系的协调性和一致性，1997年初，在借鉴联合国1993SNA的基础上，根据国民经济核算体系的整体要求，我们对中国资金流量表进行了较大的修订，包括对宾栏的机构部门和主栏的交易项目进行了调整。调整后的机构部门确定为非金融企业部门、金融机构部门、政府部门、住户部门、国外部门。主栏项目也根据国民经济核算体系的要求做了重新修订，增设了初次分配总收入等交易项目。修订后的资金流量表，宾栏的机构部门和整个体系的机构部门相一致，主栏的交易项目与国民经济账户相衔接，层次更加分明。

1997 年 4 月，国家统计局组织人员根据新修订的资金流量表撰写了《中国资金流量表编制方法》，作为各地区进行资金流量核算的指南，使资金流量核算工作趋于规范。1997 年，国家统计局首次在《中国统计年鉴》上公布了 1992 年以来的资金流量表，使资金流量核算在国家宏观经济管理和对外交流工作中发挥了重要的作用。2005 年，《中国经济普查年度资金流量表编制方法》出版，将规范利用经济普查资料重新核算 2004 年资金流量表，该编制方法在兼顾国家和地区编表需求的基础上，主要站在国家的角度进行撰写，地区编表和国家编表的资料来源和处理方法有所不同时，各地区可根据自身实际情况酌情处理。

国内学者对有关国民收入流量表编制的研究成果不是太多。李宝瑜（1996，2001，2007）首次于 1996 年提出国民收入流量表的编制，用于和 SNA 中其他四大平衡表（投入产出表、金融流量表、国际收支平衡表、资产负债表）相匹配；首次指出账户式资金流量表不能给出部门对部门的国民收入流量数据，使用"支出转移法"和"收入转移法"编制部门间国民收入流量矩阵表以考察部门间收入流量情况；并鉴于已公布资金流量表数据存在滞后的现实，提出使用"双矩阵 RAS 法"编制国民收入流量矩阵表延长表数据。

蒋萍（2012）通过编制 1992~2008 年涉外交易国民收入流量矩阵和金融流量矩阵考察了国外部门参与国民收入分配、金融资金流动过程的情况，得出了一些账户式资金流量表难以呈现的结论。

廖明球（1996）指出，实现我国向新国民经济核算体系全面过渡的标志是编制出五张基本表和各机构部门账户，要实现这些数据的宏观分析与编制宏观预测模型，必须对核算体系的数据结构进行重组。在进行重组的方法上，主要根据投入产出方法实现生产和使用的衔接，接着根据资金平衡的方法进行再分配收入与支出的衔接，最后按账户的方法完成整个矩阵的对接。以投入产出表为基本表，依据以市场为起点的原理，与外部市场相连的是国际收支表的经常往来；然后由生产与收入分配相连的原理，投入产出表第Ⅲ象限（初次分配）连接再分配表；再根据投入占用产出原理，实现资产负债表中资产占用的衔接，从而实现了核算体系五张基本表的连接。重组的国民经济核算表只反映了资金运动的一部分，作者给出一个"机构部门×机构部门"的资金流量辅助矩阵和各机构部门的金融账户。重组后的国民经济平衡表和辅助表有助于推进宏观经济分析，以及中长期预测模型的建立。

游广武和金铎（1991）尝试将投入产出模型与资金流动模型相结合，构造社会产品—资金流量表（FSPF），探讨一种既反映实物变动，又反映价值变动的宏观经济模型，即社会产品—资金流动模型。文中在投入产出表（I - O 表）的基础上，增加机构部门和再分配途径，以反映收入再分配的全貌。该 FSPF 表中，第四象限即为再分配投入产出表，它可以在斯通的金融投入产出模型的基础上，拓展为再分配投入产出模型。

2.2   国民收入流量预测方法

国民收入核算矩阵数据来源于官方公布的资金流量表实物交易数据，但是资金流量表实物交易数据一般存在 2～3 年的时滞。2013 年，最新的官方年鉴《中国统计年鉴（2012）》公布的是 2011 年的数据，但其中资金流量表实物交易的数据只公布到了 2009 年。所以，2010～2011 年，甚至 2012 年的国民收入流量项目的数据、国民收入分配的现状和趋势都是各界关注的焦点。目前，国内外对国民收入流量数据的预测大都是基于某些单一收入变量或者部分收入变量的直接预测，而很少有对整个国民收入流量项目进行系统预测的。通过编制国民收入流量表，可以系统地描述各部门的收入分配和使用、积累和资金余缺情况，可以根据多年的国民收入流量核算历史资料，构建各种国民收入流量模型，对各项重要经济指标进行预测。

2.2.1   国外国民收入预测方法

学术界用库兹涅茨曲线（倒"U"曲线）来描述西方国家收入分配状况变化的一般趋势。也就是说在工业化初期，收入分配的不平等程度不断提高；随着工业化进程的完成，不平衡程度逐渐降低。国际经验表明，这一转折不是自然而然到来的，乃是伴随着不同群体的利益冲突与妥协，以及政府的主动干预才得以实现的。而且国际上有关国民收入流量预测的研究成果也比较多。

亚瑟·史密斯（Arthur Smithies，1945）指出，尽管"二战"后社会形势已经恢复，但战后延期的住房需求和积累的个人储蓄等遗留影响将会继续，为了预测战后的各种需求，比如居民的消费品需求、企业的投资品需求、政府的各种商品需求等，作者首先预测了可支配收入，并预测了在给定可支配收入时消费者的需求。

罗伯特·米切尔·比格斯（Robert Mitchell Biggs，1956）早期就全面系统地对国民收入分析和预测进行了定性阐述，不仅包括对消费、折旧、存货投资、可支配收入、实际收入、生产率和人均收入等潜在生产指标进行测算的方法，还包括股本、劳动力、潜在进口、技术积累等潜在经济指标的测算方法。

斯特和高尔（Bretschneider and Gorr，1987，1992）认为经济、组织和政治这些因素都会对地方政府收入预测产生影响，经济因素主要是指那些和经济周期相关的因素，如 GNP、CPI、个人收入增长率、失业率等因素；组织因素是指政府为了进行收入预测而产生的组织架构，包括预测部门为预测专门聘请外部顾问等；政治因素是指参议员和州长之间、民众和政治家之间的政治竞争等因素。

唐斯和洛克（Downs and Rocke，1983）通过 ARMA（m，n）模型对城市的年度预算变化情况进行预测，研究表明，虽然多元模型可以使用的时间序列较短，但是和单因素模型相比较，它能更好地将预算变量、宏观经济变量，以及人口变量联系在一起，因此预测结果也更稳健、更可靠。

塞克斯顿（Sexton，1987）通过建立不同的单纯计量模型和时间序列模型对地方政府财政税收进行预测，结果发现单纯的计量模型的拟合效果要优于时间序列模型，而将单纯的计量经济模型与时间序列模型二者结合起来的组合模型的拟合度又要高于单纯的计量模型或者时间序列模型。

邓肯、高尔和斯科波拉（Duncan，Gorr and Szczypula，1993）将卡尔曼滤波法和条件独立层次法结合起来，形成一种改进的贝叶斯预测方法用以预测地方政府的财政税收收入，研究表明，改进的贝叶斯预测方法与卡尔曼滤波方法相比，改进的贝叶斯方法在减少了时间序列长度的同时，仍然可以提高预测期间内的预测精确度。

为更好地指导和发展未来经济建设，各个国家大都对本国税收收入进行预测。例如，英国税收收入的预测工作由英国税务海关总局和财政部联合完成，主要包括收入预测和收入分析两个方面。英国财政部主要应用计量经济模型对世界经济发展前景、英国财政收入情况、收支平衡、财务预测以及中期评估等方面的内容进行预测。英国税务海关总局则主要负责维护和运行税收收入预测模型，提供详尽的分税种税收的收入预测报告，当然英国税务海关总局对税收收入进行预测的时候，需要使用英国财政部关于经济预测的结果。在荷兰，财政部和中央计划局都对税收进行预测，但税收收入的预测工作主要由财政部负责。荷兰财政部下辖的国库司进行税收收入预测工作，为编制预测、制定财政政策提供依据和参考；下辖的税务海关政策司负责测算税收政策变动对税收收入的影响，并将测算结果提供给国库司，再由国库司综合进行税收预测；下辖的税务海关管理局负责测算相关的征收管理措施对税收收入的影响，并详细统计税收收入的实现情况。独立于荷兰财政部的荷兰中央计划局每年对宏观经济多次预测，主要采用一般均衡模型（General Equilibrium Model）进行预测。

2.2.2 国内国民收入预测方法

目前，我国正面临收入分配改革的关键时期，国家收入分配改革具体方案也一直在不断地拟订和修订中，伴随着收入分配改革方案的制定，收入分配格局重建的过程中各利益集团也在进行着激烈的博弈。2012 年 11 月中国共产党第十八次代表大会报告提出"收入倍增计划"，即 2020 年实现国内生产总值和城乡居民收入比 2010 年翻一番，这也是我国未来经济发展的战略目标。当然，"收入倍增"是我国未来十年发展的一个美好愿景，我们也应该坚信"翻一番"的目标能够实现。收入倍增计划中的收入倍增是指中低收入者的收入翻一番。一个合理的社会形态应该是中等收入者占多数的"橄榄型"社会，但我国却是一个"哑铃型"的社会结构模式，只有让中等收入者收入翻一番，中国才能有望形成"橄榄型"社会结构。当然要实现收入倍增计划，需要做到全方位推进和全方面配合。在经济建设方面，要加快转变经济发展方式，推进产业结构调整，大力发展第三产业，加快城镇化进程，实现创新驱动等；在社会建设方面，要实现高质量的就业，下大力气提高广大劳动者的知识水平、技能水平，使劳动生产率进一步提高；在收入分配方面，要抓好收入分配，进一步调整和完善相关政策措施，在一次分配领域，应逐步提高最低工资标准，更好地保护低收入者权益，在二次分配领域要加大财政对社会保障和民生建设的投入力度，健全社会保障体系，让城乡居民收入倍增有制度支撑。

国家层面会对未来国民收入有一个整体的规划和预期，这是政策方面需要解释的问题。经济发展的不同时期，不同学者们也从学术的角度提出了诸多国民收入流量的一些预测方法，对国民收入发展趋势进行判断和分析。

刘玉龙（1996）讨论了一种基于灰色 GM（1，1）模型和国民收入决定函数模型而建立的一种新组合模型，该新组合模型吸收了灰色 GM（1，1）模型模拟国民收入变化趋势的优点，以及国民收入决定函数模型在模拟国民收入波动方面的优点，使得该组合模型在趋势上和波动上的模拟都比较符合国民收入的发展。

陈年红等人（2000）从三个方面定性考察了我国个人收入总量增长的影响和制约因素，指出国民经济整体水平的增长状况，国家经济成果分配政策的变化，人民群众增加收入的要求是正确预测未来收入增长趋势的重要问题，并分别建立了城镇和农村人均可支配收入增量半对数模型，对城镇和农村人均可支配收入进行了预测，而且对我国居民个人收入结构趋势进行了定性预测。

徐斌（2009）结合国内经济形势的判断，从影响收入分配趋势的世界经济形势、国内经济动态、国家政策倾向等方面考虑，对居民收入整体情况、居民收入来源、地区间收入分配、行业间收入分配、工资增长和趋势方面对我国收入分配情况进行了定性的和经验的预测。

查纯（2010）利用灰色理论与灰色关联分析理论，建立了传统的灰色 GM（1，1）和改进的灰色 GM（1，1）模型，对我国城镇居民收入分别进行了预测。灰色理论是一种研究数据少、信息缺乏的不确定问题的研究方法；灰色关联度分析是灰色系统分析方法中针对不同性质问题做法中的一种，是依据各因素数列曲线形状的接近程度做发展态势的分析，灰色关联度分析是对一个系统发展变化态势进行量化的度量，非常适合动态历程的分析。笔者主要是对城镇居民收入中工薪收入、经营性收入、财产性收入和转移性收入与城镇居民人均收入的关联程度，找出它们之间的灰色关联度，通过灰色关联度反映出他们对城镇居民收入的影响程度，且进行排序，进而对更有效提高城镇居民收入，缩小收入差距提供有效的建议。

梁东黎（2008）认为，从时间序列视角来看，经济发展水平较低时，随着经济发展水平的提高，资本报酬份额提高、劳动报酬份额下降；经济发展水平较高时，随着经济发展水平的提高，资本报酬份额下降，劳动报酬份额上升。这一规律在不同国家的横截面视角得到一定程度的再现。

李稻葵等（2009）则认为，在世界各国的经济发展过程中，在初次分配中劳动份额的变化趋势呈现"U"型规律，即劳动份额先下降后上升，转折点人均 GDP 约为 6 000 美元（2000 年购买力平价）。中国初次分配中劳动份额的变动趋势是基本符合这一规律的。这些发现意味着，中国经济未来两年左右在初次分配中劳动份额可能进入上升通道，中央政府为应对世界性金融危机而采取一些政策性、结构性调整则有助于加快这一进程。

2.3　国民收入核算分析方法

2.3.1　基于 SAM 的国民收入分析方法

国内外还较少能见到直接编制国民收入流量矩阵的文献，多数是将其纳入社会核算矩阵（SAM）体系一并编制，并基于 SAM 的编制对所包含的收入分配部分进行分析。20 世纪 70 年代，随着 SAM 的构建、编制与基于 SAM 的应用分析的同步开展，基于 SAM 对收入分配问题的研究也开始了，派亚特和托尔贝克（Pyatt and Thorbecke，1976）等学者继承和发展了斯通（Stone）的思想，并将其运用于发展中国家的贫困和收入分配问题的研究。大批学者针对不同国家建立了全国水平的 SAM，并展开了基于 SAM 的乘数模型研究，增长、分配和贫困问题尤其受到关注。SAM 是表现国民经济系统各部分之间数量关系的重要形式，它反映了一国或一区域的全部生产活动、收入的初次分配和再分配、金融资本积累的状况和部门间关系。利用社会核算矩阵对收入初次分配和再分配进行分析的方法多见于乘数分析方法、结构化路径分析方法、一般均衡模型（CGE）分析方法。乘数分解（Multiplier Decomposition）和结构化路径分析方法（Structural Path Analysis）是基于 SAM 的两种最主要的分析方法，它们的基本思想是将国民经济账户区分为内生账户和外生账户，考察某个内生账户受到外生注入的冲击后对整个经济系统产生的连带影响。

国民收入核算矩阵的编制，要参考社会核算矩阵的编制方法，还有很多是直接用到社会核算矩阵的方法，而且国民收入核算矩阵的编制要与社会核算矩阵衔接。所以，借鉴 SAM 对收入分配关系的分析方法具有重大意义。

1. 基于 SAM 的收入分配与再分配模型分析方法

由于 SAM 具有良好的可分解特性，因此，一些学者将 SAM 作为研究收入的产生及分配的工具。收入分配模型是基于 SAM 乘数的分析方法，基于 SAM 的模型方法蕴含的基本假定为常量价格、产出的需求导向和经济主体间的线性关系。在 SAM 乘数模型的建立过程中，涉及 SAM 内生账户和外生账户的定义。所谓内生账户是指部门的投入产出受其他部门影响，由经济活动内生决定的账户；所谓外生账户是指其价值量由外生决定的部门，也是外生冲击直接来源的部门。简化的 SAM 中（见表 2.1），内生账户包含三个大类——活动、要素和部门，活动账户是对经济系统中各类生产活动的综合；要素账户集结了劳动力、土地和资本等生产要素；部门主要包括企业、居民和政府。把储蓄投资和国外等账户设定为外生账户。T_{11} 反映了生产活动之间的中间投入需要，实质上就是投入产出表的中间流量部分；T_{13} 反映了各个部门对产品的支出模式；T_{21} 反映了生产活动创造的增加值在要素中间的分配；T_{32} 反映了要素收入在不同类的居民和企业之间的分配模式；T_{33} 反映了收入在部门内部，即企业和各类居民之间的转移。

表 2.1　　　　　　　　　　一个简化的社会核算矩阵 SAM 示意

收入 ＼ 支出		内生账户			外生账户	合计
		1. 活动	2. 要素	3. 部门		
内生账户	1. 活动	T_{11}		T_{13}	X_1	Y_1
	2. 要素	T_{21}			X_2	Y_2
	3. 部门		T_{32}	T_{33}	X_3	Y_3
外生账户		L_1	L_2	L_3	L_X	Y_4
合计		Y_1	Y_2	Y_3	Y_4	

以 A_n 表示平均支出倾向矩阵，即该矩阵中各元素的值是通过内生账户中的每个元素除以其所在的列的合计值得到的，依照简化 SAM 的内生账户的形式对其分块为：

$$A_n = \begin{pmatrix} A_{11} & & A_{13} \\ A_{21} & & \\ & A_{32} & A_{33} \end{pmatrix} \tag{2.1}$$

由于 SAM 中存在行和与对应列和相等的平衡关系，因此内生账户的收入合计 y_n 就可以表示为：

$$y_n = A_n \cdot y_n + x \tag{2.2}$$

将式（2.2）进行变换，得到内生账户的收入 y_n 与外生账户的投入 x 之间的关系：

$$Y_n = (I - A_n)^{-1} \cdot X_n = M_a \cdot X_n \tag{2.3}$$

其中，M_a 称为账户乘数矩阵，用来衡量外生账户的注入内生账户一单位对其所引起的总影响。这一矩阵反映了 SAM 数据之间的基本关联。将账户乘数矩阵 M_a 分解，分解为闭环乘数效应、开环乘数效应、转移乘数效应，可以更清楚地理解外生账户变动所产生的效应。

为了研究外生账户的注入对产业、居民等部门的收入产生的影响，罗兰·霍尔斯特等（Roland - Holst et al.，1992）在 SAM 乘数方法基础上提出了收入再分配乘数模型（即相对乘数分析方法），此模型反映了外生账户注入内生账户时引起的收入水平（即初始收入）的变化。将式（2.3）除以 $e'Y_n$（e' 是单位行向量）得到单位化的 y_n，即：

$$y_n = \frac{Y_n}{e'Y_n} = \frac{M_a X_n}{e'M_a X_n} = (e'M_a X_n)^{-1} M_a X_n \tag{2.4}$$

对式（2.4）进行微分，得到内生账户收入再分配模型的计算公式为：

$$dy_n = (e'M_a X_n)^{-1} \{ I - (e'M_a X_n)^{-1} (M_a X_n) e' \} M_a dx_n$$

$$= \frac{1}{e'Y_n} \left(I - \frac{Y_n}{e'Y_n} e' \right) M_a dx_n = R_{nn} dx_n \tag{2.5}$$

其中，R_{nn} 是收入再分配乘数矩阵，表示由外生账户单位注入内生账户时引起的内生账户收入再分配的变化。

$$r_{ij} = \frac{1}{e'Y_n} \left(m_{ij} - \frac{Y_i}{e'Y_n} e'M_j \right) \tag{2.6}$$

其中，r_{ij} 表示收入再分配矩阵中的元素，即外生账户注入时，内生账户 j 引起内生账户 i 的收入再分配的效应。r_{ij} 的符号为正表示增加，为负表示减少。当账户 i 的乘数在账户 j 产生的乘数中所占份额大于账户 i 的收入份额时，称外生账户注入时账户 j 提高了账户 i 的再分配收入，此时 r_{ij} 的符号为正。反之，称账户 j 降低了账户 i 的再分配收入，r_{ij} 的符号为负。可见，当外生账户注入时，账户 j 对内生账户起正负两方面的作用，但其对所有内生账户产生的效应之和为 0，这说明收入再分配乘数只是反映了收入在内生账户之间的转移，既没有增加也没有减少。因此，r_{ij} 衡量的是当外生注入时保持内生账户 j 的总收入不变，引起的内生账户 i 的收入再分配的变化。M_j 是 SAM 表中乘数矩阵 M_a 中的第 j 列。

为了深入分析内生账户相对位置变化的原因，略普和曼雷萨（Llop and Manresa，2004）针对罗兰·霍尔斯特和桑丘（Roland – Host and Sancho，1992）提出的分配率测度方法提出了另外的分解方式，通过这种分解可以识别经济主体间整个收入分配过程中的不同组成部分，该方法尤其关注收入分配过程中政府所扮演的角色。略普和曼雷萨对式（2.5）进行的分解为：

$$R = \frac{1}{e'Y_n}\left(I - \frac{Y_n}{e'Y_n}e'\right)M_a = bDM \tag{2.7}$$

其中，$b = \frac{1}{e'Y_n}$ 为内生账户收入和的倒数；$D = I - \frac{Y_n}{e'Y_n}e'$，第一项为单位矩阵，第二项为每一个内生账户相对收入的初始水平；M 为账户乘数矩阵。将式（2.7）的乘法形式换成加法形式为：

$$R = bDM = b[I - (I-D) + D(M-I)] \tag{2.8}$$

其中，b 为内生账户收入和的倒数，括号中的 I 为外生注入，$(I-D)$ 表示每一个内生账户的相对收入的初始水平；$D(M-I)$ 就是相对收入的净乘数效应，衡量在收入分配过程中由净乘数产生的贡献。加法形式更加清晰地表明了引起内生账户相对位置变化的构成：外生注入的贡献、内生账户相对收入初始水平的贡献以及由于经济系统中各账户之间的相互作用而产生的净乘数的贡献，经济账户中收入的分配过程就是这三项的综合效果。

米格尔等（Miguel et al.，2006）运用相对收入的乘数分析方法分析了西班牙某城市的不平等变化；马萨奇·库伯瓦、娜德扎娜·马凯耶夫（Masaaki Kuboniwa，Nadezhda Mikheeva，2004）利用 SAM 分析了俄罗斯 1995~2001 年各机构部门收入的生产、初次分配和再分配情况，估计了各机构部门的税收负担，还利用 SAM 乘数分析了外生因素和收入分配比例的变化对经济增长的影响。托尔贝克和荣格（Thorbecke and Jung，1996）特别介绍了乘数分析方法在分析贫困问题中的应用。安德烈·布兰卡（Andre's Blancas，2006）基于墨西哥 SAM 乘数的机构部门间联系分析、特普斯特（Thaiprasert，2007）利用 SAM 研究了泰国农业部门与其他机构部门之间的收入分配关系等。IFPRI 主要致力于发展中国家 SAM 的编制及基于 SAM 的经济发展、收入分配、贫困问题、政策效应及食品安全等问题研究。特瑞普、罗兰·霍尔斯特和兰德（Trap，Roland – Holst and

Rand，2002）构建越南 SAM 来研究越南的国内贸易和收入间的联系，并通过矩阵分解的结果详细描述了越南的经济体系是如何将外部需求的直接作用贯穿于国内生产活动、要素和家庭等部门中的。

国内也有很多学者基于 SAM 角度的收入分配模型与收入再分配模型对收入分配问题进行分析研究。金艳鸣和雷明（2006）基于 1997 年和 2002 年中国社会核算矩阵，利用乘数分析方法，分析了转移分配和外生冲击对不同收入群体的影响，同时研究了部门产出的变化，并将这种变化的原因分解为乘数变化和政策者所控制的外生影响，并比较了两期的乘数分析结果。魏巍贤（2008）利用 SAM 乘数模型分析了厦门市 2002 年各产业在外生冲击下的产出效应和居民收入效应。范晓静、张欣（2010）使用社会核算矩阵收入分配乘数及其分解方法，研究了 2000 年经济系统中产业部门、居民部门相对收入的变化，以及政府部门在收入分配过程中的作用。张晓芳和石柱鲜等人（2011）根据构建的以生产活动、居民和政府三部门为主的 2007 年社会核算矩阵表，然后利用 SAM 乘数分析法以及罗兰·霍尔斯特和桑丘（Roland Holst and Sancho，1992）的收入再分配模型，从宏观层面对 2007 年的我国收入分配与再分配结构进行了分析。赵孟华等（2009）利用 2005 年的 SAM 表分析了各类产业及居民收入效应以及外生冲击和转移支付的收入再分配效应。

2. 基于 SAM 的 CGE 模型收入分配分析

可计算一般均衡模型（Computable General Equilibrium，CGE）是近年来进行政策模拟和分析的一个重要方法。20 世纪 70 年代的石油危机对结构计量模型在经济预测方面提出诸多挑战，结构计量模型的应用暴露出诸多不足。CGE 模型由于其严格的理论基础、多部门间联系、价格内生等方面的优势应运而生，在贸易政策、环境政策、农业政策、资源政策等方面的模拟和分析逐渐显示出其应用前景。

CGE 模型是一种过部门应用模型，它源自瓦尔拉（Walras）的一般均衡理论。19 世纪 70 年代，瓦尔拉提出了一般均衡理论模型，即用抽象的语言表达的一般均衡思想。1936 年，里昂惕夫首次引入投入产出模型。20 世纪 50 年代，阿罗和德布鲁对一般均衡理论模型解的存在性、唯一性、优化性和稳定性给予证明。1960 年，约翰森（Johansen）构建了一个包括 20 个成本最小化的产业部门和一个效用最大化的家庭部门的实际一般均衡模型，并给出了均衡价格的具体算法，由于其应用到解决实际问题的可计算性质，约翰森模型也被看做第一个 CGE 模型。1967 年，斯卡夫（Scarf）研制了一种开创性的算法，使得一般均衡模型从纯理论结构模型转化为实际可应用的模型成为可能，这也促进了大型 CGE 模型的开发与应用。根据分析问题的需要，CGE 模型可以用于投入产出表，也可以用于社会核算矩阵。

自 20 世纪 50 年代初，马斯格雷夫（Musgrave）将一般均衡模型理论引入税收研究领域之后，不少国外学者已经建立了关于税制改革的 CGE。CGE 模型是根据瓦尔拉一般均衡原理，通过一组方程来描述供给、需求以及市场均衡之间的关系，在一系列优化条件约束下得出整个市场达到均衡的一组数量和价格，进而达到对所研究的经济系统进行模拟分析和预测的目的。有关 CGE 模型的应用领域，班达拉（Bandara，1991）根据不同的应用目的，将 CGE 模型分为贸易政策问题、收入分配问题、外部冲击和结构调整问题，以及政府的财政政策问题四类。戴维拉吉、罗宾逊（Devarajan and Robinson，2002）认为 CGE 模型在公共政策研究中主要用于贸易政策、公共财政政策、结构调整、能源和环境，以及收入分配等问题。江崎（Ezaki，2006）认为 CGE 模型广泛应用于发展中国家和发达国家的贸易、税收、收入分配、结构调整和环境问题等。

SAM 是在国民经济核算框架内对 IO 表的扩展，在 IO 表的基础上增加了非生产性机构部门，如居民、政府、国外等，不仅反映生产部门之间、非生产部门之间以及生产部门与非生产部门间的联系，而且反映了国民经济的再分配和决定社会福利水平的收入分配关系，其着重点从关注生产过程扩大到各类结构部门之间的联系、影响和反馈。SAM 能满足 CGE 模型对数据的需要，因此基于 SAM 的 CGE 模型的建立，可以帮助我们分析收入分配关系。

布莱恩·马萨格（Brian Musaga，2008）利用乌干达 2002 年的社会核算矩阵构建了一个可计算的一般均衡模型（CGE），通过在经济均衡模型中构造家庭、企业、政府和国外 4 个部门，并运用所得数据模拟它们在经济中发生的交易行为，进而分析乌干达税收政策的改变所引起的政策效果。

CGE 模型可以用来模拟政策变动对收入分配的影响，如阿德尔曼和罗宾逊（Adelman and Robinson，1978）将影响收入分配的政策分为技术、相对要素价格、相对产品价格等 10 类，通过基于相对价格调整机制的收入分配使投资调整到储蓄水平，从而使对收入分配的影响通过商品价格、要素价格等间接发生作用。在该领域，随后有泰勒等（Taylor et al.，

1980）对巴西、古普塔和托甘（Gupta and Togan，1984）对印度等、萨瓦德（Savard，2005）对菲律宾的研究。其中，萨瓦德（2005）用了两类CGE模型方法研究收入分配和贫困问题：一是代表性经济主体（Representative Agent，RA）方法，此方法即为通常的CGE模型方法。二是微观模拟（Microsimulation，MS）方法，该方法实际上由两部分组成，第一部分是CGE模型，它包括所有的标准方程，把居民消费作为常量；第二部分是用于计算居民收入和支出的模型，居民收入方程与CGE模型一致，而需求则采用一个消费矩阵。

2.3.2　基于资金流量表的国民收入研究方法

1. 国外基于资金流量表的国民收入分析

一个经济模型是一种经济过程的数量关系的数学表现。作为一个经济模型，资金流量账户所列示的资金流动过程，在本质上反映了社会产品的生产、分配、消费、投资和再分配的过程，而资金流量账户的矩阵形式，又确切地表述出各经济部门内部和各部门相互之间资金流动的关系。

资金流量分析方法始于科普兰教授。1973年，布莱恩（Brain）总结了资金流量分析领域的六个方面，分别是：作为数据来源；部门平衡表和流动性分析；固定技术系数分析；利率预测；短期资金流量方案；资金流量模型分析。而且固定技术系数分析是资金流量的投入产出分析，是对投资组合以及融资组合进行线性简明处理的资金供需均衡模型。基于这种线性简明处理能够得到资金关联乘数矩阵，从而对资金关联结构进行深入直接、间接关联，以及资金链分析的考察，并分层次地研究资金流动的传导机制和路径，以及直接和间接波及效果等。资金流量模型分析，是基于各类金融理论而建立资金供求函数进而建立满足市场出清条件的资金流量模型，相当于金融领域的CGE模型。

（1）U－V型资金关联模型（表）。U－V型资金关联模型表（见表2.2）可由复式记账形式的资金流量表直接简单转换得到。在U－V型表的基础上，定义一系列线性结构系数，从而构建资金供需均衡模型，用于分析资金的关联效果（Stone，1966；Klein，1983）。U－V型表的局限在于，首先，它仅是复式记账形式资金流量表的简单转换，并未反映部门与部门间的资金关联；其次，此类模型虽然能够进行资金关联关系的讨论，但没有一个明确含义的乘数矩阵，难以分析资金关联结构本身，无法分层次地研究资金流动的传导机制和路径。

表 2.2 U - V 型资金流量表结构

		部门			对各金融商品的投资			实物投资	总投资
		1	$\cdots$	n	1	$\cdots$	m		
部门	1				a_{11}	$\cdots$	a_{1m}	e_1	w_1
	$\vdots$				$\vdots$	$\vdots$	$\vdots$	$\vdots$	$\vdots$
	n				a_{n1}	$\cdots$	a_{nm}	e_n	w_m
对各金融商品的负债	1	l_{11}	$\cdots$	l_{1n}					l_1
	$\vdots$	$\vdots$	$\vdots$	$\vdots$					
	m	l_{m1}	$\cdots$	l_{mn}					l_m
储蓄		z_1	$\cdots$	z_n					
总负债		x_1	$\cdots$	x_n	a_1	$\cdots$	a_m		

资料来源：Stone（1966）。

（2）部门—部门型和项目—项目型资金关联模型。此类型表描述了部门之间或项目之间的资金往来。由此构建的资金流量模型可以反映部门间或项目间的资金关联，并可基于资金关联乘数对资金关联内部结构进行深入研究，分析资金流动的传导机制和路径（日本经济企划厅经济研究所，1962；井原哲夫，1969；辻村和佑，2002）。

A. 资金筹措（负债组合）假定：

$$
\begin{array}{cccccc}
y_{11} & y_{12} & \cdots & y_{1m} & e_1 & t_1 \\
y_{21} & y_{22} & \cdots & y_{2m} & e_2 & t_2 \\
\vdots & \vdots & \cdots & \vdots & \vdots & \vdots \\
y_{m1} & y_{m2} & \cdots & y_{mm} & e_m & t_m \\
p_1 & p_2 & \cdots & p_m & & \\
t_1 & t_2 & \cdots & t_m & &
\end{array}
$$

B. 投资组合（资产组合）假定：

$$
\begin{array}{ccccccc}
y_{11}^* & y_{12}^* & \cdots & y_{1m}^* & p_1 & t_1 \\
y_{21}^* & y_{22}^* & \cdots & y_{2m}^* & p_2 & t_2 \\
\vdots & \vdots & \cdots & \vdots & \vdots & \vdots \\
y_{m1}^* & y_{m2}^* & \cdots & y_{mm}^* & p_m & t_m \\
e_1 & e_2 & \cdots & e_m & & \\
t_1 & t_2 & \cdots & t_m & &
\end{array}
$$

注：y_{ij} 为各部门间金融资金往来，e 为超额金融负债，p 为超额金融资产，t 为各部门金融资产或金融负债合计。

资金流量分析方法利用棋盘式的模型描述部门间的资金流动。资金流量核算的创始者是美国经济学家莫里斯·科普兰，1952 年柯普兰发表的专著《美国货币流量研究》公布了他所编制的美国资金流量表及其分析模型，并就资金流量表与美国的国民收入和产值账户之间的关系进行了探讨。其后美联储又对资金流量核算方法进行了局部修改，并于 1955 年编制了《美国的资金流量：1939～1953》，而后英国、日本等发达国家也相继引入并开展了资金流量核算。1966 年，国民核算体系的主要设计者斯通首次将投入产出分析方法应用于资金流量分析，在理论上得到了资金流量矩阵的各种系数和金融流量模型，后来人们在斯通的研究基础上，开始编制部门间资金流量矩阵。博布斯特（Bobst，1969）以分析农业部门与其他部门的资金流量关系为目的，更深入地运用投入产出分析法来分析资金流量。他编制了美国 1963 年的部门间资金流量矩阵，这是关于利用部门间资金流量矩阵进行实证研究的较早文献，但遗憾的是文中并未对部门间资金流量矩阵的编制方法进行详细介绍。布莱恩（1973）总结了该领域研究的六个方面：作为数据来源、部门平衡表和流动性分析、固定技术系数分析、利率预测、短期资金流量方案、资金流量模型分析。克里斯特夫·格林和维克托·莫丽德（Christopher J. Green and Victor Murinde，2000）建立了一个把国民经济中的生产和分配活动纳入资金流量表的体系，他们利用该模型对一些发展中国家如印度、肯尼亚等的金融问题以及政府的政策选择提出了建议。克里斯特夫·格林和维克托·莫丽德的资金流量模型如表 2.3 所示。

表 2.3　　　　　克里斯特夫·格林和维克托·莫丽德资金流量表

	私人部门（P）	金融部门（BA）	政府部门（G）	国外部门（FO）
收入—支出				
税收（T）	T^P		T^G	
消费（C）	C^P		C^G	C^{FO}
投资（I）	I^P		I^G	I^{FO}
净需求（S）	S^P		S^G	S^{FO}
资产负债表				
资本（K）	K^P		K^G	K^{FO}
贷款（L）	L^P	L^{BA}	L^G	
本币（M）	M^P	M^{BA}	M^G	
外币（F）			F^G	F^{FO}
净值（W）	W^P	W^{BA}	W^G	W^{FO}

　　基于各国的资金流量表与资金流量数据，不少学者也对国际资金流量循环进行了分析。国际资金循环分析最早可追溯到芒德尔—弗莱明（Mundell - Fleming，1968）模型，该模型将国内资金流动与国际收支进行了结合，将对外贸易引入到 IS - LM 模型分析中，观察利率与汇率变化对各个国家宏观经济的影响，而且该模型明确了在不同汇率政策条件下的财政政策与金融政策的不同效果。麦尔沃和克莱因（K. Marwah and L. R. Klein，1983）在使用各个国家资金流量及国际收支数据的时候，将每个国家的模型连接起来进行国际资本流动传递机制的探讨，这就是多国资本流动分析模型。此模型目的在于结束日本、英国、德国、法国、加拿大、美国六国间的国际资本流量与汇率关系，并且在该模型中表示净资本流量的交易项目为 9 个，这些项目与资金流量统计交易项目是一致的，分析模型的结构方程式中有各种金融交易所引起的资金流量与汇率相关变量，并包含了资金流量对组合资产存量变动的影响因素。

2. 国内基于资金流量表的国民收入研究

　　国内对于资金流量表的研究较多地集中于金融流量部分，众多学者依据资金流量表为宏观经济管理提供了很多有价值的研究成果。如王传伦（1980）和虞关涛（1980，1982）、刘沈忠（1987）、李宝瑜（1989）、曹凤岐（1992）、贝多广（1995）等很多学者对我国资金流量表的编制进行了讨论。近年来有关资金流量表的研究成果越来越多，也有很多分析模型是基于矩阵形式的表来进行的，但对于反映国民收入流量的资金流量表研究还不多。国内对国民收入与支出核算的分析主要是以资金流量表实物交易为出发点。

李宝瑜（1996）就涉及 SNA 及我国国民经济核算体系整体结构的国民收入流量表与模型进行研究。国民收入流量表与投入产出流量表、投资与金融流量表这三种表式是反映国民经济运行不同过程中部门间经济流量的。投入产出反映生产流量，国民收入流量表反映收入分配与使用流量，投资与金融流量表则反映金融与投资的流量。他指出这三种表中存在 6 种线性模型，在投入产出模型中，有投入产出行模型和投入产出列模型；在国民收入流量模型中，有国民收入模型、国民支出模型；在资金流量模型中，有金融负债模型、金融投资模型。它们的模型形式分别为：

（1）投入产出行模型：

$$Q = (I - A)^{-1} \cdot Y$$

其中，Q 是总产出向量，A 是直接消耗系数矩阵，Y 是最终产品向量。

（2）投入产出列模型：

$$Q = (I - \hat{F})^{-1} \cdot N$$

其中，$\hat{F}$ 是直接消耗系数以列加总的对角阵，N 是增加值向量。

（3）国民收入模型：

$$G = (I - \overline{A_1} B_1)^{-1} \cdot N_1$$

其中，G 是总收入向量，N_1 是部门增加值向量，$\overline{A_1}$ 是部门收入市场份额矩阵，B_1 是部门支出结构系数矩阵。

（4）国民支出模型：

$$G = (I - \overline{B'}_1 A'_1)^{-1} \cdot N_2$$

其中，G 是总支出向量，N_2 是消费加储蓄向量，A'_1 是部门收入结构系数转置矩阵，$\overline{B'}_1$ 是部门支出市场份额转置矩阵。

（5）金融负债模型：

$$O = (I - \overline{A_2} B_2)^{-1} \cdot Y_1$$

其中，O 为金融总负债向量，$\overline{A_2}$ 为金融负债分布系数矩阵，B_2 是金融投资结构系数矩阵，Y_1 为储蓄向量。

（6）金融投资模型：

$$O = (I - \overline{B'}_2 A'_2)^{-1} \cdot Y_2$$

其中，O 为金融总投资向量，$\overline{B'}_2$ 是金融投资分布系数转置矩阵，A'_2 是金融负债结构系数转置矩阵，Y_2 为实物投资向量。

　　这些模型配合起来，就形成了一个包含投入产出模型、国民收入模型、投资与金融流量模型在内的与国民经济核算体系相互配套的数学模型体系。

　　许宪春（2002）从经济总体和机构部门的收入分配与储蓄投资两方面分析了 1992～1997 年中国资金流量表，是较早利用中国资金流量表进行实证分析的文献。

　　白重恩和钱震杰（2009）以资金流量表为基础，利用省际收入法GDP 数据和财政收入统计数据调整了资金流量表中的要素分配结构，定量分析了 20 世纪 90 年代中期以来国民收入在企业、政府和住户部门间的分配格局的变化及其原因。他们发现，在收入分配的各个环节居民收入占比都有所下降，居民收入下降的主要原因是劳动收入份额的大幅下降和财产收入的下降，而再分配阶段不是居民收入占比下降的主要原因。

　　张南（2009）探讨了 1990 年以来的中国对外资金流量循环的特点及结构问题，并根据资金流量循环的动态过程建立了国际资金循环分析的理论模型。模型从储蓄投资、经常收支以及国际资金流动三方面，分析了中国对外资金流量循环出现的双顺差现象以及由此产生的外汇储备急剧增加问题。

　　余少谦（2005，2006，2007）对资金流量表进行了研究，2006 年就中外学者所建立的资金流量投入产出模型及数量关系提出异议，指出虽然建立了资金流量投入产出模型，但未能运用统计数据进行实质性的解释。作者运用 2002 年中国资金流量表的统计数据建立了资金流量投入产出表，对增加值等项目在建表时的处理方式做了初步分析，计算出资金流量投入产出各类结构系数与分布系数，其中收入分配结构系数的计算和表述，对宏观经济分析与政策指导意义重大。余少谦（2005）指出，资金流量表所提供的宏观经济数据和反映的经济关系是十分丰富的，在现有经济学界运用资金流量表分析宏观经济的方法基础上，还可以从三个方面进行拓展：第一是因素分析，部门间的转移净值（T）、净金融投资（F）与储蓄（S）、投资（I）之间的关联分析，特别是论证部门间的转移净值（T）对各部门储蓄投资差（S－I）的影响程度，以及对我国宏观经济分析的意义；第二是偏离度分析，部门间转移净值（T）在部门间的偏离度对净金融投资（F）的影响程度，以及对我国宏观经济的影响程度分析；第三是回归分析，对部门资金流量偏离度与总体资金流量偏离度之间进行回归分析，从而寻找部门与总体资金流量偏离度的相关程度，检验资金流量偏离度对宏观经济的影响程度的真实性。

　　胡秋阳（2010）编制了涵盖金融交易和实物交易体现完整资金流动内容的三种中国投入产出式资金流量表。三种表分别反映金融交易形成的部门间资金关联关系、实物交易形成的部门间资金关联关系、金融交易和实物交易等各交易项目之间的资金关联关系，并借鉴投入产出分析模型构建了相应的资金关联模型用于考察部门之间的资金关联结构和乘数效果。利用矩阵式资金流量表能够考察部门对部门交易的详细情况，为国民经济协调管理提供有针对性的政策建议。文章同时指出编制投入产出式资金流量表并构建相应的资金关联模型，在我国是一个几乎空白的领域。而且文中的数据并非基于直接的统计，而是基于特定假定而推算得到的。

　　（1）金融交易的部门—部门型投入产出式资金流量表和模型。金融交易的部门—部门型投入产出式资金流量表是一个体现部门间通过金融交易而形成的部门间资金往来，同时包括完整的实物交易在内的矩阵表。该表在结构上完整地体现了各部门通过金融交易和实物交易获得资金和支出资金的情况，以及通过部门间金融交易形成的资金往来。表中横向表示资金流出，纵向表示资金流入，第 1 象限表示各种实物交易中的资金流出；第 3 象限表示各种实物交易中的资金流入；第 2 象限为通过金融交易而形成的各种资金往来（见表 2.4）。

表 2.4　　　　　　　金融交易的部门—部门型投入产出式资金流量表

		部门间金融资金往来			实物交易资金流出			总资金使用
		1	…	n	1	…	k	
部门间金融资金往来	1	a_{11}	…	a_{1n}	y_{11}	…	y_{1k}	w_1
	⋮	⋮		⋮	⋮		⋮	⋮
	n	a_{n1}	…	a_{nn}	y_{n1}	…	y_{nk}	w_n
实物交易资金流入	1	v_{11}	…	v_{1n}				
	⋮	⋮		⋮				
	g	v_{g1}	…	v_{gn}				
总资金流入		w_1	…	w_n				

　　部门之间通过金融交易形成的资金往来，即第 2 象限的数据，胡秋阳（2010）参考了辻村和佑（2002）借由 U－V 表推算部门—部门表的办法，即首先将复式记账资金流量表中的金融交易部门转化为金融交易 U－V 表，对应于常规投入产出表编制中的产品技术假定，确定各部门金融资金

筹措或使用组合的结构系数，进而推算出第 2 象限的数据。第 1 象限和第 3 象限数据直接来源于资金流量表实物交易数据。于是，建立如下金融交易的部门—部门型投入产出式资金流量（列）模型：

$$W = AW + Y_1 + \cdots + Y_k$$

$$W = (1 - A)^{-1}(Y_1 + \cdots + Y_k) \tag{2.9}$$

其中，W 为全部资金合计列向量，A 为 $\dfrac{a_{ij}}{w_j}$ 的投入系数矩阵，Y_k 为各项实物资金支出列向量。该模型表示当期实物交易的资金使用基于部门间在金融市场上的资金关联所形成的部门间乘数效果决定了当期的资金总供给。其中，逆矩阵 $(1 - A)^{-1}$ 要素含义表示，当第 j 部门发生 1 单位实物交易资金支出需要时，基于部门和部门间通过金融交易形成的资金波及效果，最终引发第 i 部门多少单位的资金供应。该表也可以建立对称的行模型：

$$W = A^{*T}W + V_1^T + \cdots + V_g^T$$

$$W = (1 - A^{*T})^{-1}(V_1^T + \cdots + V_g^T) \tag{2.10}$$

其中，A^* 为 $\dfrac{a_{ij}}{w_i}$ 的分配系数矩阵，V_g 为各项实物交易资金流入行向量。该模型表示当期实物交易资金的供应基于部门与部门间在金融市场上的资金关联所形成的乘数效果，决定了所满足的当期资金总需求。

（2）实物交易的部门—部门型投入产出式资金流量表和模型。部门间通过经常转移、资本转移等实物交易项目也形成了部门之间的资金流动，因而可按照金融交易部门—部门表的编制办法，编制实物交易的部门—部门型投入产出式资金流量表。该表横向体现部门间实物交易的资金支出、对各种金融工具的投资支出、最终消费等非部门间性质的实物交易资金支出等的总资金支出情况；纵向体现部门间实物交易的资金流入、以各种金融工具方式筹措的资金、增加值等非部门间的实物资金流入等的总资金流入情况（如表 2.5）。

部门间的实物交易资金往来数据的计算办法和上述部门间的金融交易资金往来数据计算一致，首先建立各部门实物交易的资金来源和使用的 U – V 表，然后利用上述办法（计算部门间金融交易数据的方法）将其转化为部门—部门间实物交易资金数据。最后将各部门金融交易项目的资金来源和使用数据，以及其他非部门间往来性质的实物交易项目填入相应位置即可。

表 2.5　　　　　　　实物交易的部门—部门型投入产出式资金流量表

		部门间实物资金往来			金融交易资金流出			非部门间往来的实物资金流			总资金使用
		1	⋯	n	1	⋯	m	1	⋯	k	
部门间实物资金往来	1	a_{11}	⋯	a_{1n}	f_{11}	⋯	f_{1m}	y_{11}	⋯	y_{1k}	w_1
	⋮	⋮	⋯	⋮	⋮	⋯	⋮	⋮	⋯	⋮	⋮
	n	a_{n1}	⋯	a_{nn}	f_{n1}	⋯	f_{nm}	y_{n1}	⋯	y_{nk}	w_n
金融交易资金流入	1	v_{11}	⋯	v_{1n}							
	⋮	⋮	⋯	⋮							
	m	v_{m1}	⋯	v_{mn}							
非部门间往来的实物资金流入	1	u_{11}	⋯	u_{1n}							
	⋮	⋮	⋯	⋮							
	g	u_{n1}	⋯	u_{gn}							
总资金流入		w_1	⋯	w_n							

实物交易的部门—部门型投入产出式资金流量行模型为：

$$W = AW + F + Y$$
$$W = (I - A)^{-1}(F + Y) \tag{2.11}$$

其中，A 为 $\dfrac{a_{ij}}{w_j}$ 的投入系数矩阵，F 是各部门对各种金融工具的投资矩阵，Y 是各部门的非部门间往来的实物交易项目的资金流出矩阵。该模型表示当期金融资金使用和非部门间往来性的实物资金使用基于部门间在实物交易上的资金关联所形成的乘数效果，决定了最终引发的资金总供给。

实物交易的部门—部门型投入产出式资金流量列模型为：

$$W = A^{*T}W + V^T + U^T$$
$$W = (I - A^{*T})^{-1}(V^T + U^T) \tag{2.12}$$

其中，A^* 为 $\dfrac{a_{ij}}{w_i}$ 的分配系数矩阵，V 是各部门金融工具形式的负债，U 是各部门实物交易项目的资金流入矩阵。该模型表示当期的金融资金供应和非部门间往来性的实物交易收入基于部门间在实物交易上的资金关联所形成的乘数效果，决定了最终满足的当期的资金总需求。

（3）项目—项目型投入产出式资金流量表和模型。也可以编制项目—项目型投入产出式资金流量表和模型。项目—项目型投入产出式资金流量表，横向表示资金流出，纵向表示资金流入。第 1 象限是实物交易所使用的资金来自金融交易项目的资金供应；第 2 象限是对金融交易所使用的资金来自金融交易的资金供应；第 3 象限是金融交易所使用的资金来自实物交易的资金供应；第 4 象限是各项实物交易所使用的资金来自实物交易的资金供应量（见表 2.6）。

表 2.6　　　　　　　　　　项目—项目型投入产出式资金流量表

		金融商品投资			实物交易资金支出			合计
		1	…	n	1	…	m	
金融商品负债	1	a_{11}	…	a_{1n}	y_{11}	…	y_{1m}	w_1
	⋮	⋮	⋮	⋮	⋮	⋮	⋮	⋮
	n	a_{n1}	…	a_{nn}	y_{n1}	…	y_{nm}	w_n
实物交易资金收入	1	v_{11}	…	v_{1n}	b_{11}	…	b_{1m}	u_1
	⋮	⋮	⋮	⋮	⋮	⋮	⋮	⋮
	m	v_{m1}	…	v_{mn}	b_{m1}	…	b_{mm}	u_m
合计		w_1	…	w_n	u_1	…	u_m	

项目—项目型投入产出式资金流量表的编制需要将包括金融交易和实物交易在内的全部交易的资金来源和使用数据做 U 表和 V 表，然后进行推算。同时也因为项目—项目型投入产出式资金流量表包含了金融和实物的全部交易在内的资金流动，因此，此表类似于包含全部社会交易项目的社会核算矩阵（SAM），可借鉴 SAM 乘数分析来组建模型，并用来分析资金循环系统内部的相互关联和波及效果。参照 SAM 乘数分析，项目—项目型投入产出式资金流量表的支出系数矩阵假定为：

$$S = \begin{pmatrix} S_A & S_Y \\ S_V & S_B \end{pmatrix} \tag{2.13}$$

其中：

$$S_A = \begin{pmatrix} \dfrac{a_{11}}{w_1} & \cdots & \dfrac{a_{1n}}{w_n} \\ \vdots & \cdots & \vdots \\ \dfrac{a_{n1}}{w_1} & \cdots & \dfrac{a_{nn}}{w_n} \end{pmatrix} \quad S_Y = \begin{pmatrix} \dfrac{y_{11}}{u_1} & \cdots & \dfrac{y_{1m}}{u_m} \\ \vdots & \cdots & \vdots \\ \dfrac{y_{n1}}{u_1} & \cdots & \dfrac{y_{nm}}{u_m} \end{pmatrix}$$

$$S_V = \begin{pmatrix} \dfrac{v_{11}}{w_1} & \cdots & \dfrac{v_{1n}}{w_n} \\ \vdots & \cdots & \vdots \\ \dfrac{v_{m1}}{w_1} & \cdots & \dfrac{a_{mn}}{w_n} \end{pmatrix} \qquad S_B = \begin{pmatrix} \dfrac{b_{11}}{u_1} & \cdots & \dfrac{b_{1m}}{u_m} \\ \vdots & \cdots & \vdots \\ \dfrac{b_{m1}}{u_1} & \cdots & \dfrac{b_{mm}}{u_m} \end{pmatrix}$$

这些系数矩阵的各列向量表示某种金融工具或某项实物交易所使用的资金是基于怎样的组合结构来筹措和实现的。基于横向的资金总支出合计与纵向的资金总流入合计之间的平衡关系为：

$$\begin{pmatrix} W^T \\ U^T \end{pmatrix} = \begin{pmatrix} S_A & S_Y \\ S_V & S_B \end{pmatrix} \begin{pmatrix} W^* \\ U^* \end{pmatrix} \tag{2.14}$$

其中，W 表示金融交易的资金总流入行向量，U 表示实物交易的资金总流入行向量，用 W^* 表示金融交易的资金总流出列向量，U^* 表示实物交易的资金总流出列向量。

在式（2.14）基础上，可以根据研究的需要适当设置外生变量，进而考察项目间资金流动的相互关联和乘数效应。比如，将各项最终需求和统计误差的合计作为外生变量 F，则平衡关系可表述为：

$$\begin{pmatrix} W^T \\ U^T \end{pmatrix} = \begin{pmatrix} S_A & S_Y \\ S_V & S_B \end{pmatrix} \begin{pmatrix} W^* \\ U^* \end{pmatrix} + \begin{pmatrix} F_W \\ F_U \end{pmatrix} \tag{2.15}$$

其中，式（2.15）中的 W、U、W^*、U^* 均为不包含各项交易最终需求和统计误差的行或列向量。在式（2.15）的基础上，可以继续推导为：

$$\begin{pmatrix} W^T \\ U^T \end{pmatrix} = \left[\begin{pmatrix} I & 0 \\ 0 & I \end{pmatrix} - \begin{pmatrix} S_A & S_Y \\ S_V & S_B \end{pmatrix} \right]^{-1} \begin{pmatrix} F_W \\ F_U \end{pmatrix} \tag{2.16}$$

其中，式（2.16）中逆矩阵 $\left[\begin{pmatrix} I & 0 \\ 0 & I \end{pmatrix} - \begin{pmatrix} S_A & S_Y \\ S_V & S_B \end{pmatrix} \right]^{-1}$ 表示来自最终需求对各金融和实物资金流动的波及效果。

2.3.3 基于国民收入账户的国民收入研究方法

国民收入账户是宏观经济的基本分析框架，通过国民收入账户的分析可以对宏观经济的主要变量及相互关系得到初步的认识。

美国的国民收入与产出账户 NIPAs（National Income and Product Accounts）是对美国经济活动生产总量统计核算的称谓，具体内容是以 GDP

为核心的一整套经济账户。NIPAs 的主要目的是衡量一定时期全国经济活动生产的总量，或者说是生产总量的使用所表现出的最终产品和服务的价值总量，同时可以从国内收入的角度衡量在生产这些产品与服务的时候，国民从中获得的总收入。国内总收入是通过计算工资、房租、利润、利息以及其他收入来衡量居民家庭、企业部门和政府部门所获得的收入总量。NIPAs 同时还提供了最终产品和服务在市场上进行交易时的价格、价格指数，以及实际产出和收入的衡量方法。这一整套完整的账户及其扩展所包含的详细的国外、地区和产业的账户，使得可以利用国民经济账户对经济进行全面完整的分析，可以分析选择性政策行为、各种外部事件对最终需求、收入、产出和地区的影响。

德国的收入分配秉承合作主义，即政府、代表雇员的工会和代表雇主的协会合作协调，通过谈判决定岗位等级工资水平及相关福利待遇水平。德国的收入再分配支付比较完善，较为公平的初次分配制度加上有效的再分配调节，使得德国收入差距较小。

日本资金流量统计的部门分类较中国来说比较详细，中国资金流量统计部门分类为非金融企业部门、金融机构部门、政府部门、住户部门和国外部门五大部门，日本资金流量表部门大分类为：金融机构（中央银行，信贷银行，保险退休基金，其他金融中介机构，非中介型金融机构）、非金融法人企业（民营企业，国营企业）、一般政府（中央政府，地方公共团体，社会保障基金）、住户、民间非营利团体、海外。

不同国家的不同学者从国民生产与收入账户角度对国民收入进行了方方面面的研究。随着经济形势的发展，每个国家的国民经济账户也要发生相应的改进和改变。

芭芭拉·丽弗劳梅尼（Barbara M. Fraumeni，1997）就美国国民生产与收入账户中折旧的测算进行了研究。作者对以往的直线折旧法进行了改进，提出了一种几何折旧的方法，并对这种算法进行了实证分析，并指出这种改进的折旧算法在理论和实证基础上都是合理的。

戴尔·瓦特·乔根森、史蒂芬·兰德福和威廉·诺德豪斯（Dale W. Jorgenson，J. Steven Landefeld and William D. Nordhaus，2006）提出并研究了一种美国国民账户的新体系和新架构，这对于认识和了解美国国民经济有较好的帮助。

鲁宾尼和赛特瑟（Roubini and Setser，2004）从经常账户的角度出发进行研究，认为随着美国经常账户逆差占国内生产总值的比重（NIIP/

GDP）的不断提升，外国对美国经济发展水平的信心下降，可能会导致美国对外融资成本的提高，或者使得外国持有美国债务的意愿逐步下降，因此美国长期的经常账户逆差将难以继续通过对外借贷来维系。卡拉达（Clarida，2005）等人认为美国的经常账户赤字不仅是可持续发展的，同样也是符合逻辑的。而更多的经济学家和国际组织却对此表示担忧，他们认为美国需要进行相应的政策调整来应对这样的赤字规模。美国前财长萨默斯（Summers，2006）就认为美国现在的赤字特别让人担忧，因为这种赤字水平不仅超过了传统观点5%的警戒水平，而且经常账户赤字主要是美国消费而不是为了投资融资。

国民收入账户完整地反映了整个国民收入分配的过程，国内基于国民收入账户对国民收入进行研究大多集中在国民收入分配格局的研究。

史德信等人（2005）从国民收入账户的角度，围绕宏观经济的内部平衡与外部平衡问题，分析了中国贸易平衡的原因，及其内、外部影响。且从世界各国的情况分析来看，一国的平均消费倾向与贸易平衡存在明显的负相关性，中国的贸易平衡状况与其低消费、高投资的内部平衡状态密切相关。

江春等人（2013）基于收入分配是否会影响金融发展的研究视角，运用日本国民收入账户及中国资金流量表的数据，结合国际通用金融发展指标，选取日本经济高速增长及转型时期（20世纪70~80年代）以及中国1992年以后的相关数据，进行了对比分析。结果表明，日本实现的"国民收入倍增计划"极大地改善了日本居民收入分配状况，也极大地刺激了日本金融业的发展；中日两国居民收入结构的不同导致了两国金融发展状况的不同；改善中国的收入分配失衡是完善中国金融结构的一种有效途径。

2.3.4　关于国民收入分析的其他方法

近年来，国内外学者尝试从不同角度对国民收入问题进行研究。西方经济学的经典文献中，把经济增长同收入分配关系紧密结合在一起，重点考察收入分配结构随着经济增长如何变化，新剑桥学派经济增长理论是研究这种变动趋势的主要理论。新剑桥学派经济增长理论的奠基者是凯恩斯宏观经济理论的主要继承者约翰·罗宾逊（John Robinson）和英国经济学家尼可拉斯·卡尔多（Nicholas Kaldor，1956）在《可选择的分配理论》中提出了他的经济增长和收入分配模型，即卡尔多经济增长模型。卡尔多的经济增长模型表明，经济增长速度和收入分配是具有内在联系的。

卡尔多模型的基本假设是：资本一产量比率保持不变；均衡条件为 $I=S$；社会成员只有工资收入者（劳动者）和利润收入者（资本），且两者的储蓄率都是固定的，利润收入者的储蓄率大于工资收入者；整个经济系统中只有资本和劳动两种要素。因此，国民收入 Y 为工资 W（劳动者收入）与利润 P（资本收入）两部分，即：

$$Y = W + P \tag{2.17}$$

劳动与资本各自有不同的储蓄率。劳动的储蓄率为 sw，即劳动者收入总额中储蓄所占的比例；资本的储蓄率为 sp，即利润总额中储蓄所占的比例。设 S 为社会储蓄总额，有：

$$S = sp \cdot P + sw \cdot W \tag{2.18}$$

在卡尔多模型的基本假设条件下，即根据凯恩斯宏观经济学原理，在均衡增长条件下有：$I=S$，将式（2.17）移项变成 $W = Y - P$ 带入式（2.18），得到：

$$S = sp \cdot P + sw \cdot (Y-P) = I \tag{2.19}$$

整理（2.19）式即可得到卡尔多经济增长模型，为：

$$\frac{P}{Y} = \frac{\frac{I}{Y}}{sp-sw} - \frac{sw}{sp-sw} \tag{2.20}$$

其中，$\frac{1}{sp-sw}$ 这一系数叫作"收入分配的灵敏度系数"，它表明资本积累率 $\frac{I}{Y}$ 的变化对利润在收入中所占比重的影响。（$sp-sw$）的差额越大，资本积累率变化对利润份额的影响就越小；（$sp-sw$）的差额越小，这种影响就越大。

当 sp 和 sw 既定时，资本积累率 $\frac{I}{Y}$ 直接影响着利润在收入中的份额 $\frac{P}{Y}$；也可以说，投资量直接决定着利润量的大小。既然社会的收入是在各个要素之间分配的，每一要素都有自己固定不变的储蓄倾向，那么，收入分配中利润和工资的比例关系就直接影响到整个社会的储蓄水平，从而决定了积累率和经济增长速度。另外，要达到一定的经济增长速度，就要有一定的积累率，从而也要有相应的收入分配的比例关系。因此，经济增长速度和积累率也是影响收入分配的重要因素。在分析长期经济增长因素时，收入分配和资本积累也是直接相关的。在式（2.20）中，如果 sp 和 sw 既定（同时资本产出系数也既定），那么积累率的任何上升（也就意味着收入增长率的上升）必然要求利润在收入中的份额增大；反之亦然。

卡尔多经济增长模型在一定程度上解释了近年来经济高增长的状况下，我国劳动报酬与资本收入分配差距的现状。高储蓄带来高投资，高投资带来高增长，高增长导致各收入群体之间的收入差距的不断扩大，收入差距的不断扩大又带来更高的储蓄率。资本积累率 $\dfrac{I}{Y}$ 的上升，必然要求利润在收入中的份额增大，利润量的大小及其在 GDP 中的份额主要是由投资量决定的。

另外，卡尔多经济增长模型也解释了企业和居民收入差距扩大的现状。在我国国民收入分配格局中，企业部门的储蓄率上升幅度远超居民部门的储蓄率上升幅度，使居民部门的储蓄率与企业部门的储蓄率的差距不断扩大，客观上造成我国"收入分配的灵敏度系数"不断缩小，按照卡尔多模型 $\dfrac{P}{Y}=\dfrac{\dfrac{I}{Y}}{sp-sw}-\dfrac{sw}{sp-sw}$ 的表述，利润即企业部门所得占总收入的份额必然不断扩大。

闫肃（2011）应用卡尔多"经济增长与收入分配模型"测算了我国 1978~2009 年间居民部门收入占 GDP 比重的变化趋势，结果表明储蓄结构变迁是影响我国国民收入分配格局的主要因素，调节国民经济收入分配格局的根本措施在于改革当前导致企业储蓄率过快增长的财税与金融等制度性因素。

2.4　国民收入核算方法评述

综观国民收入核算分配理论和方法应用的研究，国内外有关国民收入核算数据的预测和分析方法的研究成果比较丰富，但对国民收入核算数据的预测和分析方法并没有形成一个系统体系，在收入核算数据预测和收入分配关系系统分析方面，还存在很大研究和发展的空间。

（1）在国民收入核算流量预测方面，国内外大多研究成果只是针对个别收入变量的单独预测。国民收入核算涵盖的内容比较广泛，它包含了以增加值为起点，经过各个机构部门收入的初次分配和再分配，形成各个部门的可支配收入，而后各机构部门可支配收入用于消费支出和储蓄的一个完整过程。对国民收入核算过程中涉及的变量的预测，不仅仅是某一个收入总量或收入流量的单独预测，而是一个系统工程。国民收入核算中涉及的各收入与支出变量之间是存在相互制约和相互促进的密切关系的。单独对某一收入总量或收入变量的预测，一是无法解决当前我国收入分配数据存在时间滞后所带来的实际分析的需要；二是单独变量的预测，会影响数据预测结果的准确性，无法体现收入变量之间的相互影响关系。因此，对未知年份国民收入核算数据的系统预测就显得尤为必要。

（2）在对国民收入分配关系的分析方面，国内外大多研究成果是将国民收入核算纳入社会核算矩阵或者资金流量表的角度进行分析。国民收入核算与投入产出核算、投资与金融交易核算、资产负债核算、国际收支核算这五大核算都是国民经济核算体系的一个组成部分，这五大核算之间相互配合、相互衔接、各有分工，共同完成国民经济核算任务。在核算内容的分工上，这五大核算是相互独立的。

投入产出核算是对生产及与生产部门有关的交易进行核算，它主要考察物质产品和服务的生产结构和产出结构，考察产品和生产部门之间的相互关系，即回答产品从什么地方来，到什么地方去，创造了多少产品，价值多少。国民收入核算是投入产出核算在分配和支出领域的延伸，它主要核算生产部门创造的价值是如何分配的，形成了哪些部门的收入，这些收入都用于什么地方。投资与金融交易的核算是国民收入核算的继续，主要回答各部门的储蓄和投资状况如何，每个部门的储蓄和投资之间的差额有多少，资金余缺是如何通过交易在部门之间调剂的。资产负债核算是投资与金融交易核算的继续，主要核算经济存量的变化，即国民财富状况。国际收支核算是国内各种核算在国外的延伸，全面反映国外和国内的各种经济关系，包括贸易收支，收入分配、资本和金融在国内外的流动。目前有关使用投入产出平衡表进行投入产出核算的系统分析方法已经基本成熟，而将国民收入核算独立出来，从平衡表的角度去分析研究收入分配问题的成果并不多见。因此，对国民收入分配关系的研究，有必要将国民收入核算从国民经济核算体系中独立出来，编制国民收入核算矩阵表，并形成一套系统的分析方法。

第 3 章

国民收入核算矩阵统计表的编制研究

　　国民收入核算矩阵分为统计表和延长表，统计表的编制是在已有大部分官方统计数据的基础上进行，延长表的编制则是采用一定的办法推算未知数据年份的统计数据。本章主要研究统计表的编制方法和实际编制过程。国民收入核算矩阵统计表根据数据形式分为部门与交易交叉型（S－BY－T）和部门与部门交叉型（S－BY－S）表，本章要分别讨论两种表的编制方法。编制国民收入核算矩阵统计表涉及一些重要的统计问题，例如，表式设计，如何设置账户，如何处理表与账户的关系，如何从"S－BY－T"表编制"S－BY－S"表等。

　　与官方公布的资金流量实物交易表相比，编制国民收入核算矩阵不仅仅是解决一套相同统计数据的表现形式问题，其重要意义在于采取矩阵形式以后，对数据的利用程度将更高，更具有挖掘潜力，尤其是能够很方便地建立数学模型进行分析。同时，现实统计中不存在国民收入"S－BY－S"数据，如果不采用矩阵表式，获取"S－BY－S"类型数据就比较困难。本章将在国民收入核算矩阵"S－BY－T"表数据的基础上，给出特定的方法，推导出国民收入核算矩阵"S－BY－S"表。

3.1　国民收入核算矩阵"S－BY－T"表的编制方法

3.1.1　国民收入核算矩阵"S－BY－T"表式设计及平衡关系介绍

　　国民收入核算矩阵是在国民收入与使用账户基础上编制的，它是若干国民收入账户的合并表式。所以，编制国民收入核算矩阵首先涉及的问题就是如何设置账户，设置哪些账户，这些账户用什么方式和顺序排列在矩阵中，矩阵中需要保持什么样的平衡关系，如何才能满足各种平衡关系。因此，我们先从账户的设置谈起。

1. "S－BY－T"表的账户设置及结构

我们将要编制的国民收入核算矩阵，包含的账户有增加值账户、收入初次分配账户、收入再分配账户、机构部门账户、消费支出账户和储蓄账户。

（1）增加值账户：这是一个与投入产出账户交叉衔接的账户序列，在投入产出矩阵中按产业部门分类，在国民收入矩阵中按机构部门分类。增加值由产业部门创造，增加值账户主要是起到由生产向收入分配的过渡和衔接作用。在国民收入核算矩阵中，要将产业部门创造的增加值统计口径转换为机构部门增加值口径，记录各机构部门的原始收入形成。增加值账户包含劳动者报酬、生产税净额、总营业盈余（含折旧），共 3 个账户。

（2）收入初次分配账户：它的目的是要反映原始收入如何在机构部门间分配以及以什么交易方式进行分配，记录了各机构部门依据其对生产的贡献而获得收入的过程和结果，即反映生产要素收入的形成，特别是财产收入的分配。收入初次分配账户包括劳动报酬、生产税净额、利息、红利、土地资金、其他财产收入，共 6 个账户。

（3）收入再分配账户：描述的是如何通过除实物转移以外的经常转移的收支将机构单位或部门的原始收入转换成可支配收入的，其所有项目都由经常转移组成。现实中还存在政府部门对住户部门的实物社会转移行为，由于实物社会转移只发生在政府部门和住户部门之间，该账户对企业部门没有实际意义，只是会改变政府部门和住户部门之间的收入分配关系。从经济总体上来看，实物社会转移的记录不会对收入分配结果产生影响，各部门可支配收入合计与实物社会转移调整后的可支配收入合计是相等的。收入再分配账户包括收入税、社会保险缴款、社会保险福利、社会补助、其他经常转移，共 5 个账户。

（4）机构部门账户：在国民收入核算部分，是收入分配相关交易的载体，作为收入分配相关交易的过渡和衔接工具，起到承上启下的作用。它们反映了收入怎样在各机构部门形成；怎样分配给那些对生产所创造增加值具有贡献的机构单位；怎样在机构单位之间进行分配；怎样被住户、政府部门最终消费或储蓄等。

（5）消费支出账户：记录收入分配过程结束后，各部门将得到的可支配收入用于最终消费的情况。企业部门没有消费功能，因此，收入使用账户对企业部门而言是一个虚设的账户，其消费为零，所以，消费核算主要体现在住户和政府两个部门。其账户的收入一方表示收入来源，支出一方表示消费用途，与投入产出账户衔接。消费支出账户包括农村居民消费支出、城镇居民消费支出、政府部门消费支出，共3个账户。

（6）储蓄账户：这是一个记录可支配收入扣除消费以后结余的账户，与投资和金融账户交叉衔接。国内各机构部门的总储蓄之和成为国民总储蓄。此外，储蓄账户还包括国外部门的储蓄，即国外部门经常项目收支差额。

2. 各账户与交易之间的关系

在国民经济核算体系中，投入产出账户与矩阵核算的是生产部门的投入与产出关系，生产中创造了增加值后就进入收入分配阶段，经过各部门的收入分配，形成最终收入即可支配收入，最终收入一部分用于消费支出，剩余的作为储蓄，储蓄经过金融市场的交易以后，转化为投资。增加值是生产部门创造的，属于投入产出核算的范围，但也是收入分配的起点；消费收入来源于国民收入的分配，但最终要向生产部门支出，所以，增加值核算和消费核算就成为投入产出核算与国民收入核算的交叉衔接点；储蓄是国民收入使用的结余，也是金融和投资的来源，所以，储蓄就成为国民收入核算与金融投资核算的交叉衔接点。

图3.1给出了收入分配的交易流程。图中清晰地显示了国民收入分配各交易的完整过程及与各账户之间的关系。

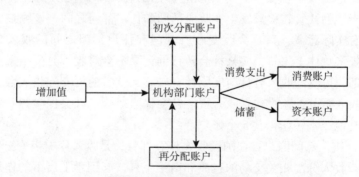

图3.1　收入分配的交易流程

3. "S – BY – T" 表的结构及平衡关系介绍

李宝瑜（1994，1996，2007）曾给出了国民收入核算矩阵的几种不同的表式，依据李宝瑜编制的 2007 年表式，国民收入核算矩阵"S – BY – T"表（见表 3.1）是由两张表交叉重叠而成的，一张是机构部门收入表，一张是机构部门支出表，收入表排列在矩阵的行方向，支出表排列在矩阵的列方向。收入表与支出表由机构部门账户的来源方与运用方合并而成。

我们将每个机构部门账户的收入方和支出方分别排列在矩阵的行和列上，而且排列顺序相同，行表示收入，列表示支出。这样每个账户就构成了国民收入核算矩阵的一个行和列，行表示机构部门收入，列表示机构部门支出。

国民收入核算矩阵"S – BY – T"表中包含的子矩阵有：（1）"机构部门×增加值"矩阵；（2）"原始收入×机构部门"矩阵；（3）"财产收入×机构部门"矩阵；（4）"经常转移×机构部门"矩阵；（5）"机构部门×原始收入"矩阵；（6）"机构部门×财产收入"矩阵；（7）"机构部门×经常转移"矩阵；（8）"消费×机构部门"矩阵；（9）"储蓄×机构部门"矩阵。

表 3.1　　　　　　　　　　　国民收入核算矩阵及其符号

		机构部门		初次分配收入			再分配收入	增加值	合计
		国内部门	国外部门	劳动报酬	生产税净额	财产收入	经常转移		
机构部门	国内部门			$PI11$	$PD12$	$PD2$	SD	JN	D'
	国外部门			$RP1$		$RP2$	RS		EY'
初次分配支出	劳动报酬	$PI11$	$EP1$						$P11'$
	生产税净额	$PI12$							$P12'$
	财产收入	$PI2$	$EP2$						$P2'$
再分配支出	经常转移	SI	ES						DI'
可支配收入使用	消费支出	C							
	储蓄	S	RY						
合计		D	EY	$P11$	$P12$	$P2$	DI		

设定：

$$AS = \begin{pmatrix} PI11 & EP1 \\ PI12 & 0 \\ PI2 & EP2 \\ SI & ES \end{pmatrix} \quad BS = \begin{pmatrix} PD11 & PD12 & PD2 & SD \\ RP1 & 0 & RP2 & RS \end{pmatrix} \quad CS = \begin{pmatrix} C & 0 \\ S & RY \end{pmatrix}$$

$Y = (JN \quad 0)'$，$G = (D \quad EY)$，G 向量的组成元素为 g_j，G' 向量的组成元素为 g_i。

定义：

（1）任意给定矩阵 A 的所有元素的总和表示为 $\dot{A}$，$\dot{A} = \sum\limits_{j=1}^{n} \sum\limits_{i=1}^{m} a_{ij}$；

（2）任意给定矩阵 A 的行和向量表示为 $\bar{A}$，$\bar{A} = (\sum\limits_{j}^{m} a_{1j}, \quad \sum\limits_{j}^{m} a_{2j}, \cdots,$ $\sum\limits_{j}^{m} a_{nj})'$；

（3）任意给定矩阵 A 的列和向量表示为 $\underline{A}$，$\underline{A} = (\sum\limits_{i}^{n} a_{i1}, \quad \sum\limits_{i}^{n} a_{i2}, \cdots,$ $\sum\limits_{i}^{n} a_{im})$。

我们除了可以将矩阵中所有数据看做是由部门收入和支出账户数据组成外，也可以将其看做是由不同的交易账户所组成。表中每个数字都有双重含义，从行看是收入，从列看是支出，这也避免了在账户体系中采用复式记账法记录的每个数字必须出现两次的麻烦。只要出现一次，并且从两个方向看，就与复式记账的含义相同。所以，可以将国民收入核算矩阵看做是由初次分配账户、再分配账户、增加值账户、可支配收入账户合并而成的。例如，$PD2$ 是初次分配账户中财产收入账户的支付，同时也是国内机构部门账户的收入；SI 既是国内机构部门的支出，也是再分配账户的收入。

这样，国民收入核算矩阵 "S – BY – T" 表就由 AS、BS、JN、CS 矩阵形成，矩阵表存在的平衡关系为：

（1）初次分配收入 + 再分配收入 + 增加值 = 总收入，即：$\overline{BS} + \binom{\overline{JN}}{0} = \binom{D'}{EY'}$；

（2）初次分配支出 + 再分配支出 + 可支配收入 = 总支出，即：$\underline{AS} + \underline{CS} = (D \quad EY)$；

（3）总收入 = 总支出，即：$\binom{D'}{EY'} = (D \quad EY)'$；

（4）增加值合计 = 可支配收入合计，即：$\dot{JN} = \dot{CS}$；

（5）分配收入合计 = 分配支出合计，即：$\dot{AS} = \dot{BS}$；

（6）每项交易收入合计 = 每项交易支出合计，即：$\overline{AS} = \underline{BS}'$。

3.1.2　编制思路

由于国民收入核算矩阵的内容大致上与我国资金流量实物交易表一致，所以，编表时的基本方法就是将资金流量实物交易表转换为矩阵表，但需要做一些调整。

（1）将账户表形式转换为矩阵表形式。中国社会核算矩阵（SAM）采用矩阵表形式，为了与 SAM 连接，国民收入流量表也必须采用矩阵形式，这就要求将官方公布的账户式数据按照矩阵表要求重新组织。这项工作并不复杂，也没有很大难度，只要将账户表的收入方和支出方数据分列在矩阵表的行和列上即可。

（2）将资本形成替换为储蓄。在国家统计局编制的资金流量实物交易表中，资本形成这个指标包含在表内，但根据经济循环理论和 SNA 五大子系统划分，国民收入与支出过程是从原始收入开始到消费结束，其终点指标体现为储蓄，即 $Y = C + S$。投资与金融过程是从储蓄作为起点，首先是储蓄转化金融资金，然后实现投资，平衡条件是储蓄等于投资，即 $S = I$。所以，将资本形成这个投资指标包含在国民收入流量表中并不妥当。资本形成应该属于投资与金融流量表而不属于国民收入流量表。我们编制的国民收入核算矩阵，将可支配收入分为消费和储蓄，表中包含消费和储蓄而不包含资本形成。

（3）进行口径调整。将账户式表转换为矩阵表后，需要做两方面的口径调整：一是将资本形成调整为储蓄后所引起的口径调整；二是一些平衡关系上的调整。在进行表式、内容与平衡关系调整的同时，还需要对矩阵中所包括的账户、交易和子矩阵加以详细确定。

账户：在后面表的编制中，机构部门分为非金融企业、金融机构、政府、住户和国外五大机构部门。增加值分为劳动报酬、生产税净额、总营业盈余（含折旧）3 项。收入初次分配中，原始收入分为劳动报酬、生产税净额① 2 项；财产收入分为利息、红利、租金、其他财产收入共 4 项。收入再分配分为收入税、社会保险缴款、社会保险福利、社会补助、其他经常转移共 5 项。消费支出分为农村居民消费、城镇居民消费、政府消费

---

① 增加值矩阵中的劳动报酬和生产税净额是各部门生产额净额，而收入分配中的劳动报酬和生产税净额是各部门收入和支出额，不能混淆。

共 3 项。储蓄除包含国内四大机构部门储蓄分类之外，还包括国外储蓄。

子矩阵：设置这些部门账户与交易账户后，国民收入核算矩阵中包含了若干子矩阵。*JN* 是一个 4×3 的矩阵，*AS* 矩阵中的 *PI2*、*SI* 分别为 4×5 和 5×5 的子矩阵，*PD2*、*SD* 分别为 5×4 和 5×5 的子矩阵，*EP2*、*ES* 分别为 4×1 和 5×1 的列向量，*RP2*、*RS* 分别为 1×4 和 1×5 的行向量。*BS* 是 5×11 的部门收入流量矩阵，*AS* 是 11×5 的部门支出流量矩阵，*CS* 是一个 4×5 的矩阵。后面在矩阵中数字出现的行列位置与序号，均与表中对应并与这里文字表述的顺序一致。

3.1.3 编制过程中特殊问题的处理与编制结果

编制已有年份（1992 ~ 2009 年）国民收入核算矩阵"S – BY – T"表，主要是利用中国统计年鉴现有的资金流量实物交易表数据。我国不同年度的统计年鉴公布的资金流量实物交易表数据存在调整，我们遵循使用最新数据的原则，用最新统计年鉴上的资金流量实物交易表数据对国民收入核算矩阵进行编制。其中：1992 ~ 1996 年资金流量实物交易表来自于 1999 年统计年鉴；1997 ~ 1999 年资金流量实物交易表来自于 2000 ~ 2002 年统计年鉴；2000 ~ 2009 年资金流量实物交易表来自于 2012 年统计年鉴。

1. 调整国家统计局公布数据口径

国家统计局公布的一些数据口径不符合编制要求，所以要将其中的一些口径加以调整。以 2009 年国家统计局公布的资金流量实物交易表数据为例进行说明。从表 3.2 可以看出它不符合国民经济核算平衡原则。从国民经济核算平衡原则的要求出发，国内生产总量经过初次分配和再分配到收入的使用过程，应该保持多方等价关系。即国民经济总体中：

$$增加值 = 初次分配总收入 = 可支配总收入 = 消费 + 储蓄 \quad (3.1)$$

但表中的数字却是：增加值(340 902.8) ≠ 初次分配总收入(340 320.0) ≠ 可支配总收入(342 482.5) ≠ 消费(169 274.8) + 储蓄(156 590.9)。

引起这个错误的原因，第一个是没有将国外初次分配净收入计算进来。我们看到在表中最后一项合计列中：增加值与初次分配总收入之差(582.8) = 增加值(340 902.8) − 初次分配总收入(340 320.0)。

如果将国外初次分配的分配净收入计算进来，增加值与初次分配总收入就相等了，即：国外初次分配净收入(582.8) = 国外劳动报酬收入

(140.1) + 国外财产收入(7 837.3) - 国外劳动报酬支出(629.1) - 国外财产收入的支付(6 765.5)。

第二个错误是没有计算国外可支配收入。我们看到增加值与可支配总收入之差为：增加值(340 902.8) - 可支配总收入(342 482.5) = - 1 579.7。

如果计算国外可支配收入，它应该是：国外可支配收入(- 1 579.7) = 国外初次分配净收入(582.8) + 国外再分配收入(750.5) - 国外再分配支出(2 913.1)。

增加值与可支配收入的两者之差正好是国外可支配收入。

第三个错误也是最严重的错误，是经济总体的消费加储蓄既不等于可支配收入，也不等于增加值。我们看到，表中全社会消费支出是 169 274.8，国内储蓄是 173 207.7，国外储蓄是 - 16 616.8，三者之和是 325 865.7，而增加值是 340 902.8，表中可支配收入是 342 482.5。这个错误来源于国外储蓄的计算，我们知道国内部门储蓄的计算公式是：

国内储蓄 = 增加值 + 初次分配收入净额 + 再分配收入净额 　 (3.2)

由于国外不产生增加值，所以国外储蓄的计算公式应该是：

国外储蓄 = 初次分配收入净额 + 再分配收入净额 　　　 (3.3)

按公式计算：国外储蓄 = 582.8 - 2 162.5 = - 1 579.7。

储蓄计算正确以后，可得到四方等价关系，才能符合国民经济核算的平衡原则，即：增加值(340 902.8) = 初次分配总收入(340 902.8) = 可支配总收入(340 902.8) = 可支配收入的使用(340 902.8)。

其中：初次分配总收入(340 902.8) = 国内初次分配总收入(340 320.0) + 国外初次分配净收入(582.8)；

可支配收入(340 902.8) = 国内可支配收入(342 482.5) + 国外可支配收入(- 1 579.7)；

可支配收入使用(340 902.8) = 国内消费(169 274.8) + 国内储蓄(173 207.7) + 国外储蓄(- 1 579.7)。

产生国外储蓄计算错误的原因是将净出口等同于国内的增加值处理了，但实际上净出口是用国外资本账户差额来补偿的。至此，我们可以提出对官方公布数据的调整意见：

(1) 公布数据中将净出口收入处理为国外收入形成，导致国内外初次分配收入总和、可支配收入总和与 GDP 不相等，不符合国民经济核算平衡原则，需要经过调整后才能实现矩阵表的全面平衡，因此实际编表过程中不能将净出口处理为国外收入形成。

（2）国外部门的储蓄也不再是资金流量实物交易表中的公式："国外部门总储蓄＝国外部门净出口（来源）－国外部门劳动者报酬（运用）＋国外部门劳动者报酬（来源）－国外部门财产收入（运用）＋国外部门财产收入（来源）－国外部门经常转移（运用）＋国外部门经常转移（来源）"，而是："国外部门总储蓄＝国外部门劳动者报酬（运用）＋国外部门劳动者报酬（来源）－国外部门财产收入（运用）＋国外部门财产收入（来源）－国外部门经常转移（运用）＋国外部门经常转移（来源）"。

根据上述调整意见，给出 2009 年官方资金流量实物交易表的调整后数据如表 3.3 所示。

2. 交易项目的调整

随着我国经济的发展以及核算方法与技术的进步，我国资金流量表实物交易表中的交易项目设置也发生了变化，有些项目以前没有，近年来新添加进来；有些机构部门在某些项目下以前没有记录，近年来有记录，或者中间记录数据有中断；有些机构部门某些项目之前有记录，后来在某年度不再记录的，等等。为了保持不同年度矩阵表交易项目设置的一致性，我们编表时将 1992 年至今出现过的实物交易项目全部包括进来，没有设置某交易项目的年度；某些机构部门在某些交易项目下中断记录的，该项目数据用零填满。比如：（1）1992～1999 年，资金流量表实物交易表中没有租金项目的核算数据，所以 1999 年及之前年份的租金项目处理为零；（2）自 1992～1999 年，再分配收入与支出项目下没有社会保险福利项目的核算数据，所有 2001 年之前的社会保险福利项目处理为零，等等。

国家统计局公布的资金流量实物交易表中，包含有资本账户的资本形成和资本交易数据以及净金融投资数据，国民收入核算账户只反映收入分配和可支配收入的使用项目，资本与金融交易项目应该在金融资金流量表中出现，所以我们编制国民收入核算矩阵时不考虑这些交易项目。

3. 编制结果

现以 2009 年为例，我国 2009 年国民收入核算矩阵"S－BY－T"表的编制结果如表 3.4 所示。

表 3.2　2009 年资金流量表（实物交易）调整前

单位：亿元

交易项目	非金融企业部门		金融机构部门		政府部门		住户部门		国内合计		国外部门		合计	
	运用	来源	运用	来源	运用	来源	运用	来源	运用	来源	运用	来源	运用	来源
1. 净出口												-15 037.1		-15 037.1
2. 增加值		197 392.6		17 767.5		33 231.3		92 511.4		340 902.8			340 902.8	340 902.8
3. 劳动者报酬	73 831.9		4 951.4		27 499.1		60 186.6	166 957.9	166 469.0	166 957.9	629.1	140.1	167 098.1	167 098.1
(1) 工资及工资性收入														
(2) 单位社会保险付款														
4. 生产税净额	38 824.3		2 325.6		210.2	41 962.8	602.7		41 962.8	41 962.8			41 962.8	41 962.8
(1) 生产税														
(2) 生产补贴														
5. 财产收入	26 284.1	14 822.9	22 646.1	23 049.9	4 131.3	6 252.9	3 495.1	11 359.1	56 556.5	55 484.7	6 765.5	7 837.3	63 322.0	63 322.0
(1) 利息	13 714.7	8 001.6	20 424.3	22 645.3	3 813.8	1 706.7	3 468.5	9 067.8	41 421.3	41 421.3			41 421.3	41 421.3
(2) 红利	10 114.7	6 765.5	984.8	404.6		2 064.9		792.7	11 099.5	10 027.5	6 765.5	7 837.3	17 865.0	17 865.0
(3) 地租	1 707.2					1 733.8	26.6		1 733.8	1 733.8			1 733.8	1 733.8
(4) 其他	747.5	55.8	1 237.0		317.5	747.5		1 498.6	2 302.0	2 302.0			2 302.0	2 302.0
6. 初次分配总收入		73 275.2		10 894.4		49 606.3		206 544.0		340 320.0				340 320.0
7. 经常转移	10 073.5	969.4	4 758.7	2 270.0	20 524.1	33 521.1	21 456.1	22 214.5	56 812.5	58 975.0	2 913.1	750.5	59 725.5	59 725.5
(1) 收入税	8 353.9		3 182.9			15 486.2	3 949.3		15 486.2	15 486.2			15 486.2	15 486.2
(2) 社会保险缴款					1 694.7	16 115.6	14 420.9		16 115.6	16 115.6			16 115.6	16 115.6
(3) 社会保险福利					12 302.6			12 302.6	12 302.6	12 302.6			12 302.6	12 302.6
(4) 社会补助	109.4				6 136.6			6 246.0	6 246.0	6 246.0			6 246.0	6 246.0
(5) 其他经常转移	1 610.2	969.4	1 575.8	2 270.0	390.2	1 919.3	3 085.9	3 665.8	6 662.1	8 824.6	2 913.1	750.5	9 575.1	9 575.1

续表

机构部门 交易项目	非金融企业部门 运用	来源	金融机构部门 运用	来源	政府部门 运用	来源	住户部门 运用	来源	国内合计 运用	来源	国外部门 运用	来源	合计 运用	来源
8. 可支配总收入		64 171.1		8 405.7		62 603.3		207 302.4		342 482.5				342 482.5
9. 最终消费					45 690.2		123 584.6		169 274.8				169 274.8	
(1) 居民消费							123 584.6		123 584.6				123 584.6	
(2) 政府消费					45 690.2				45 690.2				45 690.2	
10. 总储蓄	719.6	64 171.1		8 405.7		16 913.1		83 717.8		173 207.7		-16 616.8		156 590.9
11. 资本转移	3 817.3	3 817.3			3 831.0	1 006.5		1 006.5	4 550.5	4 823.8	1 006.5	733.2	5 557.0	5 557.0
(1) 投资性补助	3 817.3	3 817.3			3 817.3				3 817.3	3 817.3			3 817.3	3 817.3
(2) 其他	719.6				13.7	1 006.5		1 006.5	733.2	1 006.5	1 006.5	733.2	1 739.7	1 739.7
12. 资本形成总额	110 710.3		228.3		19 574.3		33 950.4		164 463.2				164 463.2	
(1) 固定资本形成总额	105 104.6		228.3		19 307.0		32 039.8		156 679.8				156 679.8	
(2) 存货增加	5 605.6				267.3		1 910.5		7 783.4				7 783.4	
13. 其他非金融资产产获得减处置	14 101.1				-7 530.6		-6 570.5							
14. 净金融投资	-57 542.5		8 177.4		2 045.0		56 337.9		9 017.7		-16 890.0		-7 872.3	

表 3.3　　2009 年资金流量表（实物交易）调整后

单位：亿元

机构部门 交易项目	非金融企业部门 运用	非金融企业部门 来源	金融机构部门 运用	金融机构部门 来源	政府部门 运用	政府部门 来源	住户部门 运用	住户部门 来源	国内合计 运用	国内合计 来源	国外部门 运用	国外部门 来源	合计 运用	合计 来源
1. 净出口												-15 037.1		-15 037.1
2. 增加值		197 392.6		17 767.5		33 231.3		92 511.4		340 902.8			340 902.8	340 902.8
3. 劳动者报酬	73 831.9		4 951.4		27 499.1		60 186.6	166 957.9	166 469.0	166 957.9	629.1	140.1	167 098.1	167 098.1
4. 生产税净额	38 824.3		2 325.6		210.2	41 962.8	602.7		41 962.8	41 962.8			41 962.8	41 962.8
5. 财产收入	26 284.1	14 822.9	22 646.1	23 049.9	4 131.3	6 252.9	3 495.1	11 359.1	56 556.5	55 484.7	6 765.5	7 837.3	63 322.0	63 322.0
(1) 利息	13 714.7	8 001.6	20 424.3	22 645.3	3 813.8	1 706.7	3 468.5	9 067.8	41 421.3	41 421.3			41 421.3	41 421.3
(2) 红利	10 114.7	6 765.5	984.8	404.6		2 064.9		792.7	11 099.5	10 027.7	6 765.5	7 837.3	17 865.0	17 865.0
(3) 地租	1 707.2					1 733.8	26.6		1 733.8	1 733.8			1 733.8	1 733.8
(4) 其他	747.5	55.8	1 237.0		317.5	747.5		1 498.6	2 302.0	2 302.0			2 302.0	2 302.0
6. 初次分配总收入	73 275.2	73 275.2		10 894.4		49 606.3		206 544.0	340 902.8	340 320.0		582.9	340 902.8	340 902.8
7. 经常转移	10 073.5	969.4	4 758.7	2 270.0	20 524.1	33 521.1	21 456.1	22 214.5	56 812.5	58 975.0	2 913.1	750.5	59 725.5	59 725.5
(1) 收入税	8 353.9		3 182.9			15 486.2	3 949.3		15 486.2	15 486.2			15 486.2	15 486.2
(2) 社会保险缴款					1 694.7	16 115.6	14 420.9		16 115.6	16 115.6			16 115.6	16 115.6
(3) 社会保险福利					12 302.6			12 302.6	12 302.6	12 302.6			12 302.6	12 302.6
(4) 社会补助	109.4				6 136.6			6 246.0	6 246.0	6 246.0			6 246.0	6 246.0
(5) 其他经常转移	1 610.2	969.4	1 575.8	2 270.0	390.2	1 919.3	3 085.9	3 665.8	6 662.1	8 824.6	2 913.1	750.5	9 575.1	9 575.1
8. 可支配总收入	64 171.1	64 171.1		8 405.7		62 603.3		207 302.4		342 482.5		-1 579.7	340 902.8	340 902.8
9. 最终消费					45 690.2		123 584.6		169 274.8				169 274.8	
(1) 居民消费							123 584.6		123 584.6				123 584.6	
(2) 政府消费					45 690.2				45 690.2				45 690.2	

续表

机构部门 交易项目	非金融企业部门		金融机构部门		政府部门		住户部门		国内合计		国外部门		合计	
	运用	来源	运用	来源	运用	来源	运用	来源	运用	来源	运用	来源	运用	来源
10. 总储蓄		64 171.1		8 405.7		16 913.1		83 717.8		173 207.7		−1 579.7		171 628.0
11. 资本转移	719.6	3 817.3			3 831.0	1 006.5			4 550.5	4 823.8	1 006.5	733.2	5 557.0	5 557.0
(1) 投资性补助		3 817.3			3 817.3				3 817.3	3 817.3			3 817.3	3 817.3
(2) 其他	719.6				13.7	1 006.5			733.2	1 006.5	1 006.5	733.2	1 739.7	1 739.7
12. 资本形成总额	110 710.3		228.3		19 574.3		33 950.4		164 463.2				164 463.2	
(1) 固定资本形成总额	105 104.6		228.3		19 307.0		32 039.8		156 679.8				156 679.8	
(2) 存货增加	5 605.6				267.3		1 910.5		7 783.4				7 783.4	
13. 其他非金融资产获得减处置	14 101.1				−7 530.6		−6 570.5							
14. 净金融投资	−57 542.5		8 177.4		2 045.0		56 337.9		9 017.7		−16 890.0		−7 872.3	

表 3.4

2009 年国民收入核算矩阵 "S – BY – T" 表

单位：亿元

列分组说明：机构部门（列 1–5）；初次分配收入（列 6–11）；再分配收入（列 12–16）；增加值（列 17–19）；总收入（列 20）。
行分组说明：机构部门（行 1–5）；初次分配支出（行 6–11）；再分配支出（行 12–16）。

项目	编号	非金融企业(1)	金融机构(2)	政府(3)	住户(4)	国外(5)	劳动者报酬(6)	生产税净额(7)	利息(8)	红利(9)	租金(10)	其他财产收入(11)	收入税(12)	社会保险缴款(13)	社会保险福利(14)	社会补助(15)	其他经常转移(16)	劳动报酬(17)	生产税净额(18)	总营业盈余(19)	总收入(20)
非金融企业	1								8 002	6 766		56					969	73 832	38 824	84 736	213 185
金融机构	2								22 645	405							2 270	4 951	2 326	10 491	43 087
政府	3							41 963	1 707	2 065	1 734	748	15 486	16 116			1 919	27 499	210	5 522	114 968
住户	4						166 958		9 068	793		1 499			12 303	6 246	3 666	60 187	603	31 722	293 043
国外	5						140			7 837							751				8 728
劳动者报酬	6	73 832	4 951	27 499	60 187	629															167 098
生产税净额	7	38 824	2 326	210	603																41 963
利息	8	13 715	20 424	3 814	3 468																41 421
红利	9	10 115	985			6 766															17 865
租金	10	1 707			27																1 734
其他财产收入	11	748	1 237	317																	2 302
收入税	12	8 354	3 183		3 949																15 486
社会保险缴款	13			1 695	14 421																16 116
社会保险福利	14			12 303																	12 303
社会补助	15	109		6 137																	6 246
其他经常转移	16	1 610	1 576	390	3 086	2 913															9 575

续表

		编号	机构部门					初次分配收入						再分配收入					增加值			总收入
			非金融企业	金融机构	政府	住户	国外	劳动者报酬	生产税净额	利息	红利	租金	其他财产收入	收入税	社会保险缴款	社会保险福利	社会补助	其他经常转移	劳动报酬	生产税净额	总营业盈余	
			1	2	3	4	5	6	7	8	9	10	11	12	13	14	15	16	17	18	19	20
可支配收入	农村居民消费	17				29 005																29 005
	城镇居民消费	18				94 579																94 579
	政府消费	19			45 690																	45 690
	储蓄	20	64 171	8 406	16 913	83 718	−1 580															171 628
总支出		21	213 185	43 087	114 968	293 043	8 728	167 098	41 963	41 421	17 865	1 734	2 302	15 486	16 116	12 303	6 246	9 575	166 469	41 963	132 471	1 346 022

3.2　国民收入核算矩阵 "S-BY-S" 表的编制方法

3.2.1　国民收入核算矩阵 "S-BY-S" 表式设计及平衡关系介绍

国民收入核算矩阵 "S-BY-S" 表不同于 "S-BY-T" 表。国民收入核算矩阵 "S-BY-T" 表主要是用以反映部门与交易之间的收入分配关系，而 "S-BY-S" 表则用于反映部门与部门之间的收入分配关系。根据部门与部门之间收入分配关系层次的不同，又可以编制两种 "S-BY-S" 表：第一种 "S-BY-S" 表是反映部门与部门之间整体收入分配关系的表；第二种 "S-BY-S" 表是一种同时反映初次分配 "S-BY-S" 和收入再分配 "S-BY-S" 的表，该种部门表能反映部门与部门之间初次分配、部门与部门之间再分配的关系。因此，国民收入核算矩阵 "S-BY-S" 的账户与矩阵构成需要根据编表的不同做相应的增减调整。包含初次分配 "S-BY-S" 和收入再分配 "S-BY-S" 的国民收入核算矩阵 "S-BY-S" 简化表如表 3.5 所示。

表 3.5　　　　国民收入核算矩阵 "S-BY-S" 表（简化表）

		初次分配收入 机构部门	再分配收入 机构部门	增加值	合计
初次分配支出	机构部门	$W1$		JN	$M1'$
再分配支出	机构部门	SC	$W2$		$M2'$
可支配收入	消费支出		C		$\bar{C}$
	储蓄		SS		$\dot{SS}$
合计		$M1$	$M2$	$\underline{JN}$	

国民收入核算矩阵 "S-BY-S" 表中涉及的账户是不同于 "S-BY-T" 表中的。国民收入核算矩阵 "S-BY-S" 表包含的账户有增加值账户（与 "S-BY-T" 表中的相同）、收入初次分配机构部门账户、收入再分配机构部

门账户、消费支出账户、储蓄账户（与"S-BY-T"表中的相同）。

国民收入核算矩阵"S-BY-S"表包含的子矩阵为：（1）"机构部门×增加值"矩阵 JN；（2）收入初次分配"机构部门×机构部门"矩阵 $W1$；（3）部门间初次分配剩余矩阵 SC；（4）收入再分配"机构部门×机构部门"矩阵 $W2$；（5）"消费支出×机构部门"矩阵 C；（6）"储蓄×机构部门"矩阵 SS。其中该部分"机构部门×增加值"矩阵、"消费支出×机构部门"矩阵、"储蓄×机构部门"矩阵与国民收入核算矩阵"S-BY-T"中相应的子矩阵相同。

令：
$$SS = (S \quad RY)$$

表中存在的平衡关系有：

（1）$\overline{JN} + \overline{W1} = \underline{W1} + \underline{SC}$；

（2）$\overline{SC} + \overline{W2} = \underline{W2} + \underline{C} + \underline{SS}$；

（3）增加值等于可支配收入，即：$\dot{JN} = \dot{C} + \dot{SS}$。

反映部门与部门整体分配关系的国民收入核算矩阵"S-BY-S"表如表 3.6 所示，由 W、JN、CS 子矩阵组成，矩阵表中存在的平衡关系为：

（1）部门间分配收入+增加值=总收入，即：$\overline{W} + \overline{JN} = G'$；

（2）部门间分配支出+可支配收入=总支出，即：$\underline{W} + \underline{CS} = G$；

（3）总收入=总支出；

（4）增加值合计=可支配收入合计，即：$\dot{JN} = \dot{CS}$。

表 3.6　　　　国民收入核算矩阵"S-BY-S"表（简化表）

	机构部门	增加值	总收入
机构部门	W	JN	G'
可支配收入	CS		$\overline{CS}$
总支出	G	$\underline{JN}$	

3.2.2　部门间收入流量矩阵的推算方法

部门间收支项目的相互流动关系是经济分析的一个重要方面。现行国家公布的数据没有部门间收入流量的数据，因此，在完成国民收入核算矩阵"S-BY-T"表的编制以后，需要将其转换成"S-BY-S"

表。在介绍部门间收入流量矩阵的转移方法之前，必须首先定义国民收入核算矩阵 "S – BY – T" 表的一组结构系数，它们分别是部门收入市场份额、部门支出市场份额，这一组结构系数是展现部门交易之间关系的重要系数，是实现部门间收入流量转移的基础。为了介绍国民收入核算矩阵 "S – BY – T" 表的这组结构系数和部门间收入流量转移方法，首先对上面给出的国民收入核算矩阵 "S – BY – T" 表进行进一步的简化，如表 3.7 所示。

表 3.7　　　　　　　　简化国民收入核算矩阵 "S – BY – T" 表

	机构部门	分配收入	增加值	总收入
机构部门		BS	Y	G'
分配支出	AS			$\overline{AS}$
可支配收入	Z			$\overline{Z}$
总支出	G	$\underline{BS}$	$\underline{Y}$	

表中大写字母 AS、BS、Y、Z、G、G' 表示收入分配流量矩阵，对应的小写字母 as_{ij}、bs_{ij}、y_i、z_j、g_j、g_i 表示各机构部门收入分配流量。

部门收入市场份额与部门支出市场份额，表示某部门的某种收入或支出项目占该种收入或支出项目的总额。部门收入市场份额是在收入表的基础上计算的系数，部门支出市场额是在支出表的基础上计算的系数。它们的定义公式分别如下：

部门收入市场份额用 a_{ij}^* 表示，说明第 i 个部门中第 j 种收入所占整个国民经济中该种收入总额的比重。计算公式为：

$$a_{ij} = \frac{(bs)_{ij}}{\underline{bs}_j}, \ (i = 1, \ 2, \ \cdots, \ n; \ j = 1, \ 2, \ \cdots, \ m) \qquad (3.4)$$

矩阵形式为：

$$A^* = (BS) \cdot \hat{\underline{BS}}^{-1} \qquad (3.5)$$

部门支出市场份额用 b_{ij}^* 表示，说明第 j 个部门中第 i 种支出所占整个国民经济该种支出总额的比重。计算公式为：

$$b_{ij}^* = \frac{(as)_{ij}}{\overline{as}_i}, \ (i = 1, \ 2, \ \cdots, \ m; \ j = 1, \ 2, \ \cdots, \ n) \qquad (3.6)$$

矩阵形式为：

$$B^* = \hat{\overline{AS}}^{-1} \cdot (AS) \qquad (3.7)$$

部门间收入流量转移方法有两种，分别是部门收入转移法和部门支出转移法，在没有统计误差的情况下，两种方法推算结果一致。李宝瑜曾于2001年和2009年分别设计了对收入流量进行转移的"收入转移法"和"支出转移法"，对金融流量进行转移的"投资转移法"和"负债转移法"，并对中国"部门×部门"数据进行了推算。

部门收入转移法是指利用比例性假定，将"部门×交易"表中的流量全部转移到部门间流量矩阵的方法，由于"部门×交易"表中的收入流量在收入分配核算中表示收入，故此法称为部门收入转移法。部门支出转移法是指利用比例性假定，将"交易×部门"表中的支出流量全部转移到部门间流量矩阵的方法，由于"交易×部门"表中的支出流量在收入分配核算中表示支出，故此法称为部门支出转移法。

为便于介绍，先对有关符号进行说明。BS 表示各部门的收入流量矩阵，n 行 m 列，即 n 个部门 m 种交易；AS 表示各部门的支出流量矩阵，m 行 n 列；W 表示部门间交易流量矩阵，即所需要推算的矩阵，$\overline{BS}$ 表示矩阵 BS 的列和向量；$\overline{AS}$ 表示矩阵 AS 的行和向量；$\widehat{BS}$ 表示以向量 BS 中的元素为对角线元素，其他元素均为零的方阵；$\widehat{AS}$ 表示以向量 $\overline{AS}$ 中的元素为对角线元素，其他元素均为零的方阵。由于在没有统计误差的情况下，各种交易的来源和使用必定相等，即有 $\overline{BS} = \overline{AS}$，进而有 $AS^* = BS^*$。

部门收入转移法的思想是 i 部门从 j 部门获得的流量 w_{ij} 应该等于 i 部门通过各种交易项目从 j 部门获得的流量之和，而 i 部门通过某种交易项目从 j 部门获得的流量等于 i 部门通过该种交易项目上获得的流量乘以 j 部门在该项目上的支出的流量占各部门在该项交易支出总流量的比例。用公式表示为：

$$W_{ij} = \sum_{k=1}^{m} BS_{ik} \cdot \frac{AS_{kj}}{\overline{AS}_k} \ (i=1, 2, \cdots, n, \ j=1, 2, \cdots, n, \ k=1, 2, \cdots, m)$$

(3.8)

上述公式的矩阵表示为：

$$W = BS \cdot (\widehat{\overline{AS}}^{-1} \cdot AS)$$ (3.9)

由于 $\widehat{\overline{AS}}^{-1} \cdot (AS) = B^*$，表示部门支出市场份额，$b_{kj}^*$ 表示第 j 个部门中第 k 种支出在整个国民经济该种支出所占的比重，所以上述部门收入转移法公式也可以表述为：

$$W = BS \cdot B^*$$ (3.10)

部门支出转移法的思想是 i 部门从 j 部门获得的流量 w_{ij} 应该等于 j 部

门通过各种交易项目对 i 部门支出的流量之和，而 j 部门通过某种交易项目对 i 部门支出的流量等于 j 部门在该交易项目上的支出流量乘以 i 部门通过该项目获得的流量占各部门在该项交易获得总流量的比例。用公式表示为：

$$W_{ij} = \sum_{k=1}^{m} AS_{kj} \cdot \frac{BS_{ik}}{\underline{BS}_k} \ (i=1,\ 2,\ \cdots,\ n,\ j=1,\ 2,\ \cdots,\ n,\ k=1,\ 2,\ \cdots,\ m)$$

$$(3.11)$$

上述公式的矩阵表示为：

$$W = (\hat{\underline{BS}}^{-1} \cdot BS') \cdot AS \tag{3.12}$$

由于 $(BS) \cdot \hat{\underline{BS}}^{-1} = A^*$，表示部门收入市场份额，$a_{ik}$ 表示第 i 个部门中第 k 种收入在整个国民经济中该种收入所占的比重，所以上述部门支出转移法公式也可以表示为：

$$W = A^* \cdot AS \tag{3.13}$$

无论是部门收入转移法还是部门支出转移法，在无统计误差的情况下计算结果都相同。实际转移时，可以一次性将全部流量转移，也可以按分块矩阵转移，如在收入分配部分就可以将初次分配和再分配的部门流量分开转移。

3.2.3　国民收入核算矩阵"S – BY – S"表的实际编制

在国民收入核算矩阵"S – BY – S"表的编制过程中，需要将初次分配和再分配的部门流量分开转移。即将机构部门支出流量矩阵 AS 分解成初次分配支出 AS_1 和再分配支出 AS_2 两部分，机构部门收入流量矩阵 BS 分解成初次分配收入 BS_1 和再分配收入 BS_2 两部分。利用部门收入转移法，从而初次分配"S – BY – S"矩阵为 $W_1 = BS_1(\hat{AS_1}^{-1}\ AS_1)$，再分配"S – BY – S"矩阵为 $W_2 = BS_2(\hat{AS_2}^{-1}\ AS_2)$。

国民收入核算矩阵"S – BY – S"表中，收入初次分配后余额 SC 为：

$$SC = \overline{\hat{JN}} + \overline{\hat{W_1}} - \hat{W_1} \tag{3.14}$$

以 2009 年为例，利用上述方法推算出 $\overline{W_1}$、W_2 和 SC，直接编制国民收入核算矩阵"S – BY – S"表如表 3.8 所示。

表3.8　　　　　2009年国民收入核算矩阵 "S－BY－S" 表

单位：亿元

	编号	初次分配收入					再分配收入					增加值			合计
		非金融企业	金融机构	政府	住户	国外	非金融企业	金融机构	政府	住户	国外	劳动报酬	生产税净额	总营业盈余	
		1	2	3	4	5	6	7	8	9	10	11	12	13	14
初次分配支出 非金融企业	1	6 498	4 348	744	670	2 562						73 832	38 824	84 736	212 215
金融机构	2	7 727	11 188	2 085	1 896	153						4 951	2 326	10 491	40 817
政府	3	42 508	3 683	470	772	782						27 499	210	5 522	81 447
住户	4	77 708	10 267	28 518	60 895	929						60 187	603	31 722	270 828
国外	5	4 499	436	23	50	2 969									7 977
再分配支出 非金融企业	6	73 275					163	160	40	312	295				74 245
金融机构	7		10 894				382	374	92	732	691				13 164
政府	8			49 606			8 677	3 499	1 773	18 989	584				83 127
住户	9				206 544		726	603	18 589	1 181	1 115				228 759
国外	10					583	126	124	31	242	228				1 333
可支配收入 农村居民消费	11									29 005					29 005
城镇居民消费	12									94 579					94 579
政府消费	13								45 690						45 690
储蓄	14						64 171	8 406	16 913	83 718	−1 580				171 628
合计	15	212 215	40 817	81 447	270 828	7 977	74 245	13 164	83 127	228 759	1 333	166 469	41 963	132 471	1 354 817

第 4 章

国民收入核算矩阵延长表的编制研究

国民收入核算矩阵的数据来源于官方公布的资金流量表实物交易部分数据，但是国家统计局公布的资金流量表实物交易部分数据存在 3 年的滞后。目前从中国统计年鉴上，我们只能看到 1992 ~ 2009 年的收入分配数据。较长的时间滞后不利于我们对现实收入分配问题的及时把握和分析，这需要我们对已发生年份但未公布国民收入分配数据的年份进行预测。因此，本书在上述国民收入核算矩阵的设计以及已知年份国民收入核算矩阵编制的基础上，设计了一整套国民收入核算数据系统预测方法，对未公布数据年份国民收入核算矩阵延长表进行预测。

4.1 国民收入核算延长表理论预测模型设计

国民收入流量循环由产业部门增加值开始，经过收入的初次分配和再分配形成可支配收入，一直到消费和储蓄，最终构成一个完整的国民收入核算矩阵。在编制已公布数据的历年国民收入核算矩阵基础上，可以编制未公布数据年份的国民收入核算矩阵延长表，即将基年的表延长到未公布数据的年份。为此，我们设计了一个国民收入流量组合预测模型（The Combination Forecasting Model for National Income Flow，NCFM）。

$$\begin{cases} \dot{JN} = f(\dot{JN}_{t-1}, \ \dot{S}) \\ JN = RAS[\ \overline{JN} = SV_{i}f(\dot{JN}) : JN_{0} : \underline{JN} = f(x)\ ] \\ \dot{AS} = f(\dot{AS}_{t-1}) = \dot{BS} \\ \overline{AS} = [\ SV_{i}f(\dot{AS}), \ (\overline{\dot{AS}} = \dot{BS})\ ] \\ \underline{BS} = [\ SV_{i}f(\dot{BS}), \ (\underline{\dot{BS}} = \dot{AS})\ ] \\ AS = RAS(\overline{AS} : AS_{0} : \underline{AS} = \overline{BS'}) \Leftrightarrow BS = RAS(\overline{BS} = \underline{AS'} : BS_{0} : \underline{BS}) \\ \dot{C} = f(\dot{C}_{t-1}, \ P\dot{I}11_{t}, \ \dot{SI}_{t}) \\ \underline{C} = SV_{i}f(\dot{C}) \\ \hat{S} = \widehat{JN} + \widehat{PD11} + \widehat{PD12} + \widehat{PD2} + \widehat{SD} - \widehat{PI11} - \widehat{PI12} - \widehat{PI2} - \hat{SI} - \hat{C} \end{cases} \qquad (4.1)$$

国民收入流量组合预测模型 NCFM 采用开放式多类模型组合的形式，共包含三个大部分：第一部分是机构部门增加值矩阵 JN；第二部分是由 AS 和 BS 组成的国民收入初次分配、再分配收入和支出流量矩阵；第三部分是机构部门可支配收入使用矩阵 CS。NCFM 的总体指导思想是，首先用不同的模型形式预测各矩阵或其中分块矩阵的一些重要的控制总量（矩阵元素和），进而在总量控制下采用特定的状态空间模型分解计算各子矩阵的行、列合计向量，再运用 RAS 法和 DRAS 法分解出子矩阵各元素。在这个模型中，控制变量的计算有先后顺序，需要利用先算出来的变量推算后续变量，形成递推关系。模型解出后，可以满足预测期表中的所有数据要求。

求解模型的顺序是：

第一部分，先通过计量模型 $\dot{JN} = f(\dot{JN}_{t-1}, \ \dot{S})$ 预测出 GDP 总量 $\dot{JN}$，将其用状态空间模型 $SV_{ij}f(x)$ 分解到行和列中作为控制向量，随后用 RAS 法推算出机构部门增加值矩阵 JN。

第二部分的工作是预测收入分配矩阵的总和 $\dot{AS}$ 或 $\dot{BS}$（结合后面介绍的国民收入动态均衡联立方程模型），然后同样采用状态空间模型形式，将其分配到收入和支出矩阵的行和列向量中。由于每项交易收支双方相等而各部门在某项交易上的收支不相等，故两个矩阵总和相等，交易合计向量相等但部门合计向量不相等。此时的任务就是求解两个矩阵部门合计向量，并将其分解到两个矩阵的元素中。在这里我们采用后面介绍的双矩阵RAS（DRAS）法来实现。

第三部分是可支配收入使用矩阵 CS。在这个部分中，首先采用计量

模型 $\dot{C} = f(\dot{C}_{t-1}, P\dot{I}1_t, \dot{SI}_t)$ 预测消费总量，同样用状态空间模型分解。之后利用递推关系，可以推算出国内储蓄矩阵。对于国外储蓄，也可以利用国外收入流量数据和平衡关系直接推算。

4.2 国民收入核算延长表实际预测模型设计

4.2.1 国民收入动态均衡联立方程模型设计

预测期主要的控制变量的获取有三种方式：一是个别控制数通过各种渠道已经获知；二是可以独立预测；三是通过联立方程进行预测。在这三种情况中，通过联立方程求解获得的控制数能够成为一种均衡条件下求解的结果。通过不加误差项的定义方程约束，可以满足变量之间互相制约的平衡关系，独立预测则不具备这种特性。当然，如果能够提前获得实际数据，使用实际数据作为控制总量是最好的。这样，我们的处理原则是首先利用联立方程求解，用独立预测作为补充，如果已有实际数据，则用实际数据替代联立方程结果。

在国民收入核算矩阵"S – BY – T"支出表的基础上，我们设计了国民收入动态均衡联立方程模型（The Dynamic Equilibrium of the Simultaneous Equation Model for National Income Flow，NDEM）。国民收入动态均衡联立方程模型直观反映了国民收入与支出各主要变量之间的相互联系。该模型由 7 个行为方程、2 个定义方程组成，其中 7 个行为方程模型分别是增加值模型、劳动报酬模型、生产税净额模型、财产收入支付模型、经常转移支付模型、消费模型、储蓄模型；2 个定义方程分别是总营业盈余方程与国外分配收入交易差方程。下面给出了国民收入动态均衡联立方程模型方程式：

$$\begin{cases} \dot{JN}_t = \alpha_{11} + \alpha_{12} \cdot \dot{C}_t + + \alpha_{13} \cdot \dot{S}_t + \alpha_{14} \cdot \dot{JN}_{t-1} + \mu_{1t} \\ \dot{PI}1_t = \alpha_{21} + \alpha_{22} \cdot \dot{PI}1_{t-1} + \alpha_{23} \cdot \dot{JN}_t + \alpha_{24} \cdot \dot{PI}2_t + \mu_{2t} \\ \dot{PI}2_t = \alpha_{31} + \alpha_{32} \cdot \dot{PI}2_{t-1} + \alpha_{33} \cdot \dot{JN}_t + \mu_{3t} \\ \dot{PI}2_t = \alpha_{41} + \alpha_{42} \cdot \dot{PI}1_t + \alpha_{43} \cdot \dot{S}_t + \alpha_{44} \cdot \dot{PI}2_{t-1} + \mu_{4t} \\ \dot{SI}_t = \alpha_{51} + \alpha_{52} \cdot \dot{PI}2_t + \alpha_{53} \cdot \dot{SI}_{t-1} + \alpha_{54} \cdot CZ_t + \mu_{5t} \\ \dot{C}_t = \alpha_{61} + \alpha_{62} \cdot \dot{PI}1_t + \alpha_{63} \cdot \dot{PI}2_t + \mu_{6t} \\ \dot{S}_t = \alpha_{71} + \alpha_{72} \cdot \dot{C}_t + \alpha_{73} \cdot YY_t + \alpha_{74} \cdot \dot{SI}_t + \alpha_{75} \cdot \dot{JN}_t + \mu_{7t} \\ YY_t = \dot{JN}_t - \dot{PI}1_t - \dot{PI}2_t \\ \dot{RY}_t = \dot{JN}_t - \dot{C}_t - \dot{S}_t \end{cases} \tag{4.2}$$

NDEM 模型中选取的变量，或者直接就是一个控制总量矩阵各元素的和，如 $\dot{JN}$，$\dot{C}$，$\dot{S}$，$\dot{RY}$，或者是控制总量矩阵中的最重要组成部分。除了表中的符号外，还补充了两个变量：CZ 表示全国年度财政总收入，YY 表示部门营业盈余总和。需要注意，如果没有连续年度的时间序列数据，这一工作便无法进行，这也是我们首先编制从 1992 年开始的国民收入核算矩阵的原因。

4.2.2　专用状态空间总控制数分解模型

国民收入核算矩阵延长表的预测过程中，在国民收入动态均衡联立方程模型（NDEM）预测方法的基础上，我们所获知的预测量只是国民收入与支出矩阵中各流量的合计总量，而我们实际编制国民收入核算矩阵需要的则是各流量数据，显然这需要对总量数据进行分解，以满足国民收入核算矩阵的编表要求。在这里，我们采用一种基于状态空间模型的动态预测技术，实现总量的分解。

总量分解的思路是：先用专用状态空间模型对总量内部各元素的权重序列进行整体外推预测，然后在预测出的各元素比重的基础上对总量进行分解，以此实现总量分解。状态空间模型推算过程中所使用的信号方程将采用确定性方程形式，即信号方程可以直接使用结构系数计算公式，不包含误差因素。状态方程的设定则需要根据系数序列的变化趋势相应地选择 AR(1)、随机游走或者带有漂移的随机游走过程（同一方程系统中的不同状态方程形式设定可以不同）。另外，由于向量中所有元素的结构系数之和为 1，所以还需要在估计方程中加入约束条件。下面我们就以一个

$n \times m$ 阶的矩阵 A 的向量分解为例，对从 $\dot{A}$ 到 $\overline{A}$ 和 $\underline{A}$ 的分解过程进行说明。

为了表述的方便我们不妨设矩阵 A 为 3×4 阶矩阵，并进一步设定：

$$\overline{A} = \begin{pmatrix} a_1 \\ a_2 \\ a_3 \end{pmatrix}; \quad \underline{A} = \begin{pmatrix} b_1 & b_2 & b_3 & b_4 \end{pmatrix}$$

那么就有：

$$\sum_{j=1}^{3} a_j = \dot{A}; \quad \sum_{i=1}^{4} b_i = \dot{A}$$

第一步进行 $\overline{A}$ 向量的预测，构建信号方程系统为：

$$\begin{cases} (a_1)_t = sv1_t \times \dot{A}_t \\ (a_2)_t = sv2_t \times \dot{A}_t \\ sv3_t = 1 - sv1_t - sv2_t \end{cases} \tag{4.3}$$

前两个方程是确定性方程，其中没有设误差项；第三个方程就是一个恒等式，在随后的预测中起到一个结构系数之和为 1 的简单约束作用。然后经过对多种形式的状态方程估计试验和结果比较，最终确定状态方程的形式，这里不妨设为：

$$\begin{cases} sv1_t = c(1) \times sv1_{t-1} + (\varepsilon_1)_t \\ sv2_t = c(2) \times sv2_{t-1} + (\varepsilon_2)_t \end{cases} \tag{4.4}$$

需要进一步说明的是状态空间模型的估计中涉及系数和残差方差初值的设定问题，由于这里是对确定性序列进行估计，因此，可以首先通过其他方式来对状态方程进行预先估计，用估计出来的系数和残差作为初值设定依据。具体方法为首先构造系数序列：

$$(V_n)_t = (a_n)_t / \dot{A}_t \quad n = 1, 2, 3 \tag{4.5}$$

然后对序列按照上面设定的状态方程形式，使用系统方程估计方法进行估计：

$$\begin{cases} (V_1)_t = c_1 \times (V_1)_{t-1} + (\mu_1)_t \\ (V_2)_t = c_2 \times (V_2)_{t-1} + (\mu_2)_t \\ (V_3)_t = 1 - (V_1)_t - (V_2)_t \end{cases} \tag{4.6}$$

用估计出来的系数 c_1、c_2 分别作为状态方程中系数 $c(1)$ 和 $c(2)$ 的初值。由于状态方程的实际估计形式为：

$$@state \ sv1 = c(1) \times sv1(-1) + [\text{var} = \exp(c(3))]$$
$$@state \ sv2 = c(2) \times sv2(-1) + [\text{var} = \exp(c(4))] \tag{4.7}$$

所以，这里还需要对 $c(3)$ 和 $c(4)$ 的初值进行设定，具体的设定初值计算公式为：

$$c(3) = \ln(\text{var}((\mu_1)_t))$$
$$c(4) = \ln(\text{var}((\mu_2)_t)) \quad\quad (4.8)$$

其中，$\text{var}(\mu_1)_t$ 和 $\text{var}(\mu_2)_t$ 分别表示 $(\mu_1)_t$ 与 $(\mu_2)_t$ 序列的方差。至此，有关向量分解模型估计前的准备工作全部结束，即可以对模型进行回归。然后用估计结果对未知数据年份 $\overline{A}$ 向量的结构系数进行预测，具体预测结果如表 4.1 所示。

表 4.1   矩阵 A 构成向量 $\overline{A}$ 比重系数预测结果

	$a_1/\dot{A}$	$a_2/\dot{A}$	$a_3/\dot{A}$
T	λ_1	λ_2	λ_3

在知道了结构系数之后，利用 NDEM 预测出来的 $\dot{A}$ 总量乘以结构系数即可得到 A 矩阵列合计向量 $\overline{A}$。在国民收入核算矩阵延长表的预测过程中，我们需要多次使用这种专用状态空间模型实现从总控制数到向量的分解。在该预测部分需要使用到状态空间模型进行分解的有：（1）实现增加值总控制数 $\dot{JN}$ 到 $\overline{JN}$ 的分解；（2）实现 $\dot{AS}$ 到 $\overline{AS}$ 的分解；（3）实现 $\dot{BS}$ 到 $\overline{BS}$ 的分解；（4）实现 $\dot{C}$ 到 $\overline{C}$ 的分解。

4.2.3   RAS 法向量分解模型

RAS 法最初是在 20 世纪 60 年代由英国经济学家斯通首先提出来的，后来这种方法在推广运用过程中得到了进一步的改造。RAS 法被广泛用于在原来投入产出表的基础上编制新年度的投入产出表，以及社会核算矩阵 SAM 的平衡或者更新过程，它适用于行和与列和均为已知的情形。RAS 法是一种通过对行与列的"双比例"操作，将一个初始非平衡的矩阵 A^0 转换成一个平衡矩阵 A^1 的最为简单和经典的方法。RAS 法的一般表述为：在已知新的矩阵的行和与列和的情况下，通过行乘数 r 和列乘数 s 分别左乘和右乘初始矩阵 A^0，生成一个具有相同维度（$n \times m$）的新矩阵 A^1。RAS 法的基本思想是：在给定矩阵的行和与列和的条件下，从一个初始矩阵 A^0 出发通过一系列迭代过程得到最终的目标矩阵 A^1。

下面我们用数学表达式来说明用 RAS 法将初始矩阵 A^0 通过迭代得到最终的目标矩阵 A^1 的迭代步骤来实现调整的过程。用 $\sum\limits_{j=1}^{m} a_{ij}^1$ 表示目标矩阵 A^1 的已知行和，用 $\sum\limits_{i=1}^{n} a_{ij}^1$ 表示目标矩阵 A^1 的已知列和，k 为迭代次数，用 a_{ij}^* 表示迭代过程中产生的 a_{ij} 的估计值。则 RAS 法的数学表达式为：

$$A^1 = \hat{R}^k \cdot \hat{R}^{k-1} \cdots \hat{R}^1 \cdot A^0 \cdot \hat{S}^1 \cdots \hat{S}^{\hat{k}-1} \cdot \hat{S}^k = \hat{R} \cdot A^0 \cdot \hat{S} \quad (4.9)$$

其中：

$$r_i^{(k)} = \frac{\sum\limits_{j=1}^{m} a_{ij}^1}{\sum\limits_{j=1}^{m} a_{ij}^{*(k-1)}} \quad s_j^{(k)} = \frac{\sum\limits_{i=1}^{n} a_{ij}^1}{\sum\limits_{i=1}^{n} r_j^{(k)} \cdot a_{ij}^{*(k-1)}}$$

当 $r_i^{(k)}$、$s_j^{(k)}$ 等于 1 或者达到给定的误差限时，迭代过程结束，此时所得到的 $a_{ij}^{(k)}$ 就是最终目标矩阵 A^1 的数值。经典的 RAS 法的最大特点就是应用简单，而且不局限于方阵，因此，我们也将这种方法应用于增加值矩阵的估计。

4.2.4 DRAS 法向量分解模型

在用状态空间模型分配完控制总量后，就需要对 $\dot{AS}$ 和 $\dot{BS}$ 进行矩阵分解。AS 矩阵和 BS 矩阵满足前面介绍的 DRAS 法运用的条件，因此可以采用 DRAS 法进行求解。就如在 NCFM 模型中表达为两个互为约束条件的等价矩阵：

$$AS = RAS(\overline{AS} : AS_0 : \underline{AS} = \overline{BS}') \Leftrightarrow BS = RAS(\overline{BS} = \underline{AS}' : BS_0 : \underline{BS})$$

$$(4.10)$$

双矩阵 RAS 法（Double Matrix RAS，DRAS）是李宝瑜和张帅于 2007 年首次提出的概念，并将其应用于国民收入流量表的编制，但作者当时只是介绍了双矩阵 RAS 法的使用步骤，并没有给出双矩阵 RAS 法的基本原理和数学表述，而且没有给出 DRAS 法最一般的应用范围，对于双矩阵 RAS 法使用过程中可能遇到的特殊情况也没有给出阐释和处理办法。对此，本书给出了 DRAS 法的基本原理和数学表述的详细介绍。

RAS 法以及改进的 RAS 法都是为了解决单矩阵的预测平衡问题。现实中还存在另一类更复杂的情况：如果有两个矩阵，这两个矩阵存在某种联系，不仅需要同时预测，而且还有一种互相平衡的要求，这时，一般的 RAS 法就不方便被采用了。现实中这种现象很普遍，例如，在微观或宏观会计采用复式记账法的数据中，在有收支双方相等，来源方与使用方相等的情况下，数据往往可以表现为两个矩阵，如收入为一矩阵，支出为一矩阵的两个矩阵。这类现象的预测需要用到两个互相平衡的矩阵，即需要使用双矩阵 RAS 法。这类现象的一个典型案例就是部门之间的相互收支关系：有若干部门，每个部门有若干交易种类，通过部门收支把所有部门和交易联系起来。这里可以肯定的是，所有各部门的收入总量和支出总量是相等的，将所有部门的收入列为一个矩阵，同时将所有部门的支出列为一个矩阵，形成两个"部门×交易"矩阵。当需要对未来时期两个矩阵分别进行预测时，每个部门的收支可以不相等，但两个矩阵的每种交易必须是相等的，总和也要求是相等的，否则就难以实现全局平衡，双矩阵 RAS 法则能很好地解决此类问题。

DRAS 法是一种平衡两个元素总和相等且互相有一个行列向量相等的矩阵，彼此互为条件求解另一个行列和向量和元素的方法。也就是说，双矩阵 RAS 法是对于两个行数和列数都相等的未知矩阵 A_{nm} 和 B_{nm}（或转置后行数和列数相等），满足矩阵 A_{nm} 和 B_{nm} 的列（行）合计向量相等，矩阵 A_{nm} 和 B_{nm} 的行（列）合计向量已知，通过不断交叉调整矩阵 A_{nm} 和矩阵 B_{nm} 的行和列，直到两个矩阵满足已知条件平衡的方法。其中：矩阵 A_{nm} 进行列（行）调整时是以矩阵 B_{nm} 的列（行）合计向量为控制向量，矩阵 B_{nm} 进行列（行）调整是以矩阵 A_{nm} 的列（行）合计向量为控制向量。

设有基期两个矩阵 A_{nm}^0 和 B_{nm}^0，行列数相等，其实际含义可以随问题不同而定，如可以理解为是由 n 个部门 m 种交易收支双方各自组成的两个矩阵。定义 $\dot{A}$ 和 $\dot{B}$ 分别为预测期矩阵 A 和 B 所有元素的总和，即：

$$\dot{A} = \sum_{i}^{n} \sum_{j}^{m} a_{ij} \qquad \dot{B} = \sum_{i}^{n} \sum_{j}^{m} b_{ij}$$

定义矩阵上横线表示行合计向量（或行合计数），矩阵下横线表示列合计向量（列合计数），有：

$$\overline{A} = (\sum_{j=1}^{m} a_{1j} \quad \sum_{j=1}^{m} a_{2j} \quad \cdots \quad \sum_{j=1}^{m} a_{mj})' \qquad \overline{B} = (\sum_{j=1}^{m} b_{1j} \quad \sum_{j=1}^{m} b_{2j} \quad \cdots \quad \sum_{j=1}^{m} b_{mj})'$$

$$\underline{A} = (\sum_{i}^{n} a_{i1} \quad \sum_{i}^{n} a_{i2} \quad \cdots \quad \sum_{i}^{n} a_{im}) \qquad \underline{B} = (\sum_{i}^{n} b_{i1} \quad \sum_{i}^{n} b_{i2} \quad \cdots \quad \sum_{i}^{n} b_{im})$$

已知条件：

（1）预测期 $\dot{A}$ 或 $\dot{B}$；

（2）预测期一组 $\bar{A}$ 和 $\bar{B}$（或预测期一组 $\underline{A}$ 和 $\underline{B}$），$\bar{A} \neq \bar{B}$；

（3）基期 A^0 和 B^0。

求解目标矩阵：A 和 B。

约束条件：$\begin{cases} \dot{A} = \dot{B} \\ \underline{A} = \underline{B} \end{cases}$

上述问题可以归纳为：在基期已有两个矩阵 A^0 和 B^0 的基础上，已知预测期两矩阵所有组成元素的总和（且 $\dot{A} = \dot{B}$），并且知道两矩阵各自的一个行合计向量（且 $\bar{A} \neq \bar{B}$），求解两矩阵，要求解出的结果满足两个列向量完全相等，并且仍然保持两矩阵各自行合计向量和已知相等。

DRAS 法求解过程是，首先用已知的两个行向量对基期初始矩阵进行调整，使两个初始矩阵的行合计数等于给定的预测期行合计向量，然后根据调整结果计算出两个矩阵的列合计向量，两个列合计向量肯定不相等，不满足约束条件，此时，用其中一个矩阵的列合计向量作为调整另一个矩阵列合计向量的目标值（通过计算调整系数）对其进行调整，调整后，两个列合计向量相等了。但第一次调整过的行合计向量又不等于已知的行向量了，此时再计算行调整系数进行调整，使其等于已知的行向量，但两个列向量又不相等了，再用其中一个作为目标值进行第二次调整，这个迭代过程反复继续下去，直到两个行向量等于原来给定的值，且同时两个列向量相等时终止。最后，两个矩阵的总和也满足了相等的条件。

定义：r_{ai} 和 s_{aj} 分别为调整过程中矩阵 A_{nm} 的行乘数和列乘数，r_{bi} 和 s_{bj} 分别为调整过程中矩阵 B_{nm} 的行乘数和列乘数。用 a_{ij}^* 和 b_{ij}^* 分别表示迭代过程中产生的 a_{ij} 和 b_{ij} 的估计值，计算公式为：

$$r_{ai}^{(k)} = \frac{\sum\limits_{j=1}^{m} a_{ij}}{\sum\limits_{j=1}^{m} a_{ij}^{*(k-1)}} \quad (i = 1, 2, \cdots, n)$$

$$s_{aj}^{(k)} = \frac{\sum\limits_{i=1}^{n} r_{bj}^{(k)} \cdot b_{ij}^{*(k-1)}}{\sum\limits_{i=1}^{n} r_{aj}^{(k)} \cdot a_{ij}^{*(k-1)}} \quad (j = 1, 2, \cdots, m)$$

$$r_{bi}^{(k)} = \frac{\sum\limits_{j=1}^{m} b_{ij}}{\sum\limits_{j=1}^{m} b_{ij}^{*(k-1)}} \quad (i = 1, 2, \cdots, n)$$

$$s_{bj}^{(k)} = \frac{\sum\limits_{i=1}^{n} r_{ai}^{(k)} \cdot a_{ij}^{*(k-1)}}{\sum\limits_{i=1}^{n} r_{bj}^{(k)} \cdot b_{ij}^{*(k-1)}} \quad (j = 1, 2, \cdots, m) \tag{4.11}$$

则双矩阵 RAS 法计算过程可表述为（4.12）式和（4.13）式交替调整的过程（k 为迭代次数）：

$$A = \hat{R}_a^k \cdot \hat{R}_a^{k-1} \cdots \cdots \hat{R}_a^1 \cdot A^0 \cdot \hat{S}_a^1 \cdots \cdots \hat{S}_a^{k-1} \cdot \hat{S}_a^k = \hat{R}_a \cdot A^0 \cdot \hat{S}_a \tag{4.12}$$

$$B = \hat{R}_b^k \cdot \hat{R}_b^{k-1} \cdots \cdots \hat{R}_b^1 \cdot B^0 \cdot \hat{S}_b^1 \cdots \cdots \hat{S}_b^{k-1} \cdot \hat{S}_b^k = \hat{R}_b \cdot B^0 \cdot \hat{S}_b \tag{4.13}$$

其中，矩阵 A 和 B 的行乘数和列乘数的表达式分别为：

$$R_a^k = (r_{a1}^{(k)} \quad r_{a2}^{(k)} \quad \cdots \quad r_{an}^{(k)}), \ S_a^k = (s_{a1}^{(k)} \quad s_{a2}^{(k)} \quad \cdots \quad s_{am}^{(k)}) \tag{4.14}$$

$$R_b^k = (r_{b1}^{(k)} \quad r_{b2}^{(k)} \quad \cdots \quad r_{bn}^{(k)}), \ S_b^k = (s_{b1}^{(k)} \quad s_{b2}^{(k)} \quad \cdots \quad s_{bm}^{(k)})$$

当 $r_{ai}^{(k)}$、$s_{bj}^{(k)}$、$s_{aj}^{(k)}$、$r_{bi}^{(k)}$ 等于 1 或者达到给定的误差限时，迭代过程终止，此时所得到的 $a_{ij}^{(k)}$ 和 $b_{ij}^{(k)}$ 就是测算期矩阵 A 和 B 的数值，且满足约束条件。由于始终以已知的行合计向量作为控制量来计算 R，所以最后结果并没有影响 $\bar{A}$ 和 $\bar{B}$ 以及 $\dot{A}$ 和 $\dot{B}$，只是两个列合计向量相等了。至此，求解过程结束。

应用 DRAS 法时有几个特殊问题的处理需要说明：

（1）预测期目标矩阵与初始矩阵非零元素数目变更。一种情况是上期有的交易项目在预测期没有了，另一种情况是预测期新增了交易项目。前一种情况下需要将初始矩阵相应位置的数据调整为 0，如前面例子中的国外利息收入；后一种情况下必须在初始矩阵中添加一个推测数，对初始矩阵做出调整。

（2）负元素。如果两个矩阵中有负元素出现，那么在计算结构百分数时会有正负百分点并存相加等于 100%。虽然经过历次迭代运算后结果会保持正确，但可能会对计算过程中行列合计数的经济含义理解带来一些干扰，所以初始矩阵或目标矩阵中如果有负元素，可以将其在两个矩阵相对应位置做互换，互换以后将符号取反。这是由于收入矩阵的负收入是支出矩阵的正收入，支出矩阵的负支出等于收入矩阵的正支出，位置互换以后，不影响收支性质。如果从数据的经济含义上有需要，运算结束后也可以将位置和符号还原回来。

（3）预测期有已知元素。预测期可能会有一些不需要推算的已知数据，如编制资金流量延长表时已能获得某些公布数据。这时就需要做两方面的处理：一是预先对初始矩阵进行处理，将能够获得目标数据的位置处理为 0；二是对目标控制向量进行处理，即从目标矩阵控制向量中减去相应的控制数。

4.2.5 联立方程以外的变量预测模型

在做 RAS 或 DRAS 之前，如果能够有更多的数据已知，则测算结果会更加精确。这样，在迭代过程中就可以先将这些数据排除在外，完成其他数据的测算后再将其放归到原来的矩阵位置。这些数据的预测采用开放式模型，即可以根据实际情况采用任意模型来进行估计和预测。在编制过程中，对国外部门的一些数据可以采用这种方法，涉及的变量有 $\dot{RP}1$、$\dot{EP}1$、$\dot{RP}2$、$\dot{EP}2$、$\dot{RS}$ 和 $\dot{ES}$ 等。

4.3   国民收入核算矩阵延长表的实际预测

4.3.1   2010 年和 2011 年延长表的已知信息

从我国统计数据公布的实际情况来看，目前能够获得的 2010 年和 2011 年矩阵表信息有：增加值总量 $\dot{JN}$；农村居民消费、城镇居民消费、政府消费，也就是说已知消费总量 $\dot{C}$ 和消费矩阵 C；国外工资与薪金获得及支出总量 $\dot{RP}1$、$\dot{EP}1$；国外财产收入与财产支出总量 $\dot{RP}2$、$\dot{EP}2$；国外经常转移收入与支出总量 $\dot{RS}$、$\dot{ES}$。

4.3.2   用国民收入动态均衡联立方程求解主要控制变量

通过对历史年份（1992～2009 年）国民收入核算矩阵 "S－BY－T" 表的编制，在获得 1992～2009 年时间序列的基础上，充分利用 2010 年和 2011 年的已知数据，利用前面设计的国民收入动态均衡联立方程模型，运用 EVIEWS6 软件，在联立方程模型的估计过程中使用 3SLS 进行估计。

在模型估计之前，首先对上面设计的国民收入动态均衡联立方程模型中的方程进行逐一识别，方程均为过度识别；然后对回归方程中涉及的每个变量进行平稳性检验，如果变量显示为非平稳时间序列，需要进一步对回归方程中各变量之间进行协整关系检验。表 4.2 显示的是使用 ADF 检验方法对模型中各变量进行单位根检验的结果。

表 4.2   国民收入动态均衡联立方程模型的各变量 ADF 检验结果

变量名称	差分次数	检验形式	检验统计量	检验临界值			P 值
				1%	5%	10%	
JN	2	None	− 3.03	− 2.74	− 1.97	− 1.60	0.0053
$PI11$	2	None	− 2.57	− 2.73	− 1.97	− 1.60	0.0142
$PI12$	2	None	− 4.36	− 2.73	− 1.97	− 1.60	0.0003
$PI2$	2	None	− 2.52	− 2.77	− 1.97	− 1.60	0.0167
SI	2	None	− 2.71	− 2.73	− 1.97	− 1.60	0.0103
C	2	None	− 3.88	− 2.73	− 1.97	− 1.60	0.0008
S	2	None	− 3.78	− 2.74	− 1.97	− 1.60	0.0011
CZ	2	None	− 3.01	− 2.73	− 1.97	− 1.60	0.0053
YY	2	None	− 4.31	− 2.73	− 1.97	− 1.60	0.0003
RY	1	None	− 7.95	− 4.8	− 3.79	− 3.34	0.0001

注：None 表示既无截距项又无趋势项。

从变量的 ADF 单位根检验结果来看，除定义方程中的国外储蓄 RY 为一阶差分平稳时间序列之外，其他时间序列变量均为二阶差分平稳时间序列。所以，在进行系统方程估计之前，需要进一步检验国民收入动态均衡联立方程模型中每个模型中的时间序列之间是否存在协整关系。每个模型中变量之间的协整性检验结果如表 4.3 所示。

表 4.3   国民收入动态均衡联立方程模型协整检验结果

方程序号	协整个数	迹统计量	0.05 临界值	概率
方程 1	1	31.45	29.80	0.0319
方程 2	1	36.48	29.80	0.0073
方程 3	1	37.44	24.28	0.0006
方程 4	1	4.34	3.84	0.0371
方程 5	2	26.84	25.87	0.0378
方程 6	1	34.33	29.80	0.0140
方程 7	2	61.50	40.17	0.0001

从协整关系检验结果来看，全部方程中均存在至少一个协整关系。因

此，我们就可以使用 3SLS 方法对上面设立的联立方程模型进行估计，表 4.4 给出了使用 3SLS 对国民收入动态均衡联立方程模型的系数估计结果，及系数显著性检验 T 统计量与概率 P、拟合优度检验 R^2 与 $\overline{R^2}$，以及 $D.W.$ 的值。

表 4.4　　国民收入动态均衡联立方程模型的系数估计结果及检验统计量

估计方程	系数	估计值	T 统计量	概率 P	R^2	$\overline{R^2}$	$D.W.$
方程1	α_{11}	1 471.26	4.1146	0.0001	0.9999	0.9999	1.8992
	α_{12}	0.9016	37.3888	0.0000			
	α_{13}	0.8905	62.4223	0.0000			
	α_{14}	0.1036	6.9095	0.0000			
方程2	α_{21}	4 936.00	8.3196	0.0000	0.9992	0.9990	1.6359
	α_{22}	0.4478	10.5337	0.0000			
	α_{23}	0.3299	10.3797	0.0000			
	α_{24}	−0.4039	−1.7194	0.0889			
方程3	α_{31}	1 135.18	2.2270	0.0284	0.9905	0.9891	1.3538
	α_{32}	0.1024	5.5849	0.0000			
	α_{33}	0.1784	1.0659	0.2893			
方程4	α_{41}	5 391.01	3.3683	0.0011	0.9868	0.9838	2.0959
	α_{42}	−0.2789	−3.3695	0.0011			
	α_{43}	0.3767	5.6186	0.0000			
	α_{44}	0.6330	6.9504	0.0000			
方程5	α_{51}	−815.39	−3.2361	0.0017	0.9989	0.9987	1.6230
	α_{52}	0.1161	2.4762	0.0151			
	α_{53}	0.4925	5.3133	0.0000			
	α_{54}	0.3935	7.8101	0.0000			
方程6	α_{61}	−363.18	−0.3058	0.7605	0.9973	0.9970	1.5379
	α_{62}	1.2340	28.3782	0.0000			
	α_{63}	−0.6002	−5.0397	0.0000			
方程7	α_{71}	−1 080.11	−2.0948	0.0389	0.9999	0.9998	1.7767
	α_{72}	−1.3042	−21.2494	0.0000			
	α_{73}	0.1088	4.4145	0.0000			
	α_{74}	−0.5883	−4.8989	0.0000			
	α_{75}	1.2145	26.6074	0.0000			

从模型回归结果的相关检验统计量看，模型回归参数的 T 统计量除个

别模型系数未通过外，其他系数的 T 统计量检验均通过，说明大多数方程的回归系数是显著的。各个估计方程的拟合优度也都在 0.95 以上，方程拟合较好，模型回归结果可用。

所以给出国民收入动态均衡联立方程模型的结果如下：

$$
\begin{cases}
\dot{JN}_t = 1\,471.263 + 0.902 \times \dot{C}_t + 0.891 \times \dot{S}_t + 0.104 \times \dot{JN}_{t-1} + \mu_{1t} \\
\dot{PI}1_t = 4\,935.995 + 0.448 \times \dot{PI}1_{t-1} + 0.330 \times \dot{JN}_t - 0.404 \times \dot{PI}2_t + \mu_{2t} \\
\dot{PI}2_t = 1\,135.178 + 0.102 \times \dot{JN}_t + 0.178 \times \dot{PI}2_{t-1} + \mu_{3t} \\
\dot{PI}2_t = 5\,391.005 - 0.279 \times \dot{PI}1_t + 0.377 \times \dot{S}_t + 0.633 \times \dot{PI}2_{t-1} + \mu_{4t} \\
\dot{SI}_t = -815.390 + 0.116 \times \dot{PI}2_t + 0.492 \times \dot{SI}_{t-1} + 0.394 \times CZ_t + \mu_{5t} \\
\dot{C}_t = -363.175 + 1.234 \times \dot{PI}1_t - 0.600 \times \dot{PI}2_t + \mu_{6t} \\
\dot{S}_t = -1\,080.110 - 1.304 \times \dot{C}_t + 0.109 \times YY_t - 0.588 \times \dot{SI}_t + 1.214 \times \dot{JN}_t + \mu_{7t} \\
YY_t = \dot{JN}_t - \dot{PI}1_t - \dot{PI}2_t \\
\dot{RY}_t = \dot{JN}_t - \dot{C}_t - \dot{S}_t
\end{cases}
$$

$$(4.15)$$

在此模型的基础上，我们得到了 2010 年和 2011 年的国内增加值总量 $\dot{JN}$、国内劳动报酬支付总量 $\dot{PI}11$、国内生产税净额支付总量 $\dot{PI}12$、国内财产收入支付总量 $\dot{PI}2$、国内经常转移支付总量 $\dot{SI}$、国内储蓄总量 $\dot{S}$、营业盈余总量 YY。获得的 2010 年和 2011 年数据如表 4.5 所示。

表 4.5　　　　用国民收入动态均衡联立方程模型获得的数据　　　　单位：亿元

年份	增加值 $\dot{JN}$	劳动报酬 $\dot{PI}11$	生产税净额 $\dot{PI}12$	营业盈余 YY	国内储蓄 $\dot{S}$	国内财产收入支付 $\dot{PI}2$	国内经常转移支付 $\dot{SI}$
2010	401 513	191 824	49 752	159 937	212 361	67 690	67 725
2011	472 882	223 204	58 453	191 225	245 185	78 350	82 511

4.3.3　用状态空间模型分解总控制数

前面讲到需要使用到状态空间模型分解的总控制数有 $\dot{JN}$、$\dot{AS}$、$\dot{BS}$、$\dot{C}$，因为消费总量 $\dot{C}$ 和消费矩阵 C 已知，所以 $\dot{C}$ 不需要使用状态空间模型进行分解。

1. 实现增加值总控制数 $\dot{JN}$ 到 $\overline{JN}$ 的分解

在国民收入核算矩阵中，增加值构成矩阵 JN 是一个"机构部门 × 交易"的"4×3"矩阵，而国民收入核算矩阵中支出表所对应的劳动报酬 $\dot{PI}11$，生产税净额 $\dot{PI}12$，即为增加值构成矩阵 JN 中的劳动报酬和生产税净额，所以 JN 的列向量即为：

$$\underline{JN} = (\dot{PI}11 \quad \dot{PI}12 \quad YY) \tag{4.16}$$

在上述国民收入动态均衡联立方程模型（NDEM）中，我们已经得到了劳动报酬 $\dot{PI}11$，生产税净额 $\dot{PI}12$，营业盈余 YY，所以 $\dot{JN}$ 已经得到了。在已知 $\dot{JN}$ 的情况下，我们使用专用的状态空间模型进行对 $\dot{JN}$ 到 $\overline{JN}$ 的分解。假定 $\overline{JN} = (\overline{JN_1} \quad \overline{JN_2} \quad \overline{JN_3} \quad \overline{JN_4})$，对 2010 年和 2011 年非金融企业部门、金融机构部门、政府部门、住户部门的增加值进行预测。

首先利用系统方程估计出系数与残差，为系数与残差赋予初始值。使用估计出来的系数作为系数初值，用估计残差序列的标准差作为残差初值。

系统方程的设定形式为：
$$\begin{cases} v1 = c(1) \cdot v1(-1) \\ v2 = c(2) \cdot v2(-1) \\ v3 = c(3) \cdot v3(-1) \end{cases} \tag{4.17}$$

系统方程估计结果为：
$$\begin{cases} v1 = 0.999488 \cdot v1(-1) \\ v2 = 1.016723 \cdot v2(-1) \\ v3 = 1.000511 \cdot v3(-1) \end{cases} \tag{4.18}$$

根据设定的系统方程及估计结果，计算出状态空间模型的系数与残差初值。在此基础上进行状态空间模型回归，回归结果如下：

量测方程：
$$\begin{cases} \overline{JN_1} = sv1 \cdot \dot{JN} \\ \overline{JN_2} = sv2 \cdot \dot{JN} \\ \overline{JN_3} = sv3 \cdot \dot{JN} \\ sv4 = 1 - sv1 - sv2 - sv3 \end{cases} \quad t = 1, 2, \cdots, T \tag{4.19}$$

状态方程：
$$\begin{cases} sv1 = 0.999756 \cdot sv1(-1) + \hat{\varepsilon}_t \\ sv2 = 0.98978 \cdot sv2(-1) + \hat{\varepsilon}_t \\ sv3 = 0.996738 \cdot sv3(-1) + \hat{\varepsilon}_t \end{cases} \tag{4.20}$$

使用动态预测的方法，计算出 2010 年和 2011 年非金融企业部门、金融机构部门、政府部门、住户部门占增加值（$SV1F$、$SV2F$、$SV3F$、$SV4F$）的预测比重如表 4.6 所示。

表 4.6　　　　　　　　2010～2011 年各机构部门增加值构成比重

年份	SV1F	SV2F	SV3F	SV4F
2010	0.57889	0.05159	0.09716	0.27236
2011	0.57875	0.05106	0.09685	0.27335

　　根据 2010 年和 2011 年增加值总量以及上述所求各来源机构部门增加值占总增加值的预测比重，计算出各机构部门的增加值如表 4.7 所示。

表 4.7　　　　　　　　2010～2011 年各机构部门增加值　　　　　　单位：亿元

年份	增加值	非金融企业部门	金融机构部门	政府部门	住户部门
2010	401 513	232 431	20 713	39 012	109 358
2011	472 882	273 678	24 145	45 796	129 262

2. 实现 $\dot{AS}$ 到 $\overline{AS}$ 以及 $\dot{BS}$ 到 $\overline{BS}$ 的分解

　　因为各机构部门的劳动报酬和生产税净额均已知，所以在进行 $\dot{AS}$ 到 $\overline{AS}$ 以及 $\dot{BS}$ 到 $\overline{BS}$ 的分解过程中，应首先扣除矩阵 AS 的两个已知行向量和矩阵 BS 的两个已知列向量。为减小误差，增加模型预测结果准确性，现将财产收入与经常转移分开，分别对财产收入与支出矩阵，经常转移收入与支出矩阵采用状态空间模型，实现 $\dot{AS}$ 到 $\overline{AS}$ 和 $\dot{BS}$ 到 $\overline{BS}$ 的分解。因为在实际操作过程中，国外财产收入与国外经常转移总量是已知的，所以只需要对国内财产收入获得与经常转移获得矩阵的行向量、国内财产收入支付和经常转移支付矩阵的列向量进行分解，即只需要对 $\dot{PD2}$ 和 $\dot{SD}$ 的行向量、$\dot{PI2}$ 和 $\dot{SI}$ 的列向量分别使用状态空间模型进行分解即可。其中，$\dot{PD2} = \dot{PI2} + \dot{EP2} - \dot{RP2}$，$\dot{SD} = \dot{SI} + \dot{ES} - \dot{RS}$。

　　（1）$\dot{PD2}$ 到 $\overline{PD2}$ 的分解。

　　$\dot{PD2}$ 到 $\overline{PD2}$ 的分解即为由国内机构部门财产收入获得总量分解为国内各机构部门财产收入获得量的行向量。假定 $\overline{PD2} = (\overline{PD2_1}\quad \overline{PD2_2}\quad \overline{PD2_3}\quad \overline{PD2_4})$，对 2010 年和 2011 年非金融企业部门、金融机构部门、政府部门、住户部门的财产收入获得进行预测。首先利用系统方程估计出系数与残差，为系数与残差赋予初始值。使用估计出来的系数作为系数初值，用估计残差序列的标准差作为残差初值。

$$系统方程的设定形式为：\begin{cases} v1 = c(1) \cdot v1(-1) \\ v2 = c(2) \cdot v2(-1) \\ v3 = c(3) \cdot v3(-1) \end{cases} \quad (4.21)$$

$$系统方程估计结果为：\begin{cases} v1 = 1.010829 \cdot v1(-1) \\ v2 = 0.985199 \cdot v2(-1) \\ v3 = 1.075895 \cdot v3(-1) \end{cases} \quad (4.22)$$

根据设定的系统方程及估计结果，计算出状态空间模型的系数与残差初值。在此基础上进行状态空间模型回归，回归结果如下：

$$量测方程：\begin{cases} \overline{PD2}_1 = sv1 \cdot \dot{PD2} \\ \overline{PD2}_2 = sv2 \cdot \dot{PD2} \\ \overline{PD2}_3 = sv3 \cdot \dot{PD2} \\ sv4 = 1 - sv1 - sv2 - sv3 \end{cases} \quad t=1,2,\cdots,T \quad (4.23)$$

$$状态方程：\begin{cases} sv1 = 0.995211 \cdot sv1(-1) + \hat{\varepsilon}_t \\ sv2 = 0.998209 \cdot sv2(-1) + \hat{\varepsilon}_t \\ sv3 = 0.978302 \cdot sv3(-1) + \hat{\varepsilon}_t \end{cases} \quad (4.24)$$

使用动态预测的方法，计算出 2010 年和 2011 年非金融企业部门、金融机构部门、政府部门、住户部门的财产收入占财产收入总量（$SV1F$、$SV2F$、$SV3F$、$SV4F$）的预测比重如表 4.8 所示。

表 4.8　2010~2011 年各机构部门财产收入构成比重

年份	$SV1F$	$SV2F$	$SV3F$	$SV4F$
2010	0.26587	0.41468	0.11025	0.20919
2011	0.26460	0.41394	0.10786	0.21360

根据上述计算出的 2010 年和 2011 年财产收入总量，以及所求非金融企业部门、金融机构部门、政府部门、住户部门的财产收入占财产收入总量的预测比重，计算出国内各机构部门财产收入量，如表 4.9 所示。

表 4.9　2010~2011 年国内各机构部门财产收入量　单位：亿元

年份	非金融企业部门	金融机构部门	政府部门	住户部门
2010	17 742	27 673	7 357	13 960
2011	19 906	31 142	8 114	16 070

（2）$\dot{PI2}$到$\overline{PI2}$的分解。$\dot{PI2}$到$\overline{PI2}$的分解即为由国内财产收入支付总量分解为国内各机构部门的财产收入支付量的列向量。假定$\overline{PI2} = (\overline{PI2_1}$ $\overline{PI2_2}$ $\overline{PI2_3}$ $\overline{PI2_4})$，对 2010 年和 2011 年非金融企业部门、金融机构部门、政府部门、住户部门的财产支付进行预测。首先利用系统方程估计出系数与残差，为系数与残差赋予初始值。使用估计出来的系数作为系数初值，用估计残差序列的标准差作为残差初值。

系统方程的设定形式为：
$$\begin{cases} v1 = c(1) \cdot v1(-1) \\ v2 = c(2) \cdot v2(-1) \\ v3 = c(3) \cdot v3(-1) \end{cases} \qquad (4.25)$$

系统方程估计结果为：
$$\begin{cases} v1 = 1.000574 \cdot v1(-1) \\ v2 = 0.981508 \cdot v2(-1) \\ v3 = 1.017936 \cdot v3(-1) \end{cases} \qquad (4.26)$$

根据设定的系统方程及估计结果，计算出状态空间模型的系数与残差初值。在此基础上进行状态空间模型回归，回归结果如下：

量测方程：
$$\begin{cases} \overline{PI2_1} = sv1 \cdot \dot{PI2} \\ \overline{PI2_2} = sv2 \cdot \dot{PI2} \\ \overline{PI2_3} = sv3 \cdot \dot{PI2} \\ sv4 = 1 - sv1 - sv2 - sv3 \end{cases} \qquad t = 1, 2, \cdots, T \qquad (4.27)$$

状态方程：
$$\begin{cases} sv1 = 0.998028 \cdot sv1(-1) + \hat{\varepsilon}_t \\ sv2 = 0.997922 \cdot sv2(-1) + \hat{\varepsilon}_t \\ sv3 = 0.989788 \cdot sv3(-1) + \hat{\varepsilon}_t \end{cases} \qquad (4.28)$$

使用动态预测的方法，计算出 2010 年和 2011 年非金融企业部门、金融机构部门、政府部门、住户部门的财产支出占财产支出总量（$SV1F$、$SV2F$、$SV3F$、$SV4F$）的预测比重如表 4.10 所示。

表 4.10　　　　　2010～2011 年各机构部门财产支出构成比重

年份	$SV1F$	$SV2F$	$SV3F$	$SV4F$
2010	0.46382	0.39958	0.07230	0.06429
2011	0.46291	0.39875	0.07156	0.06678

根据上述计算出的 2010 年和 2011 年财产收入总量，以及所求非金融企业部门、金融机构部门、政府部门、住户部门的财产支出占财产支出总

量的预测比重，计算出国内各机构部门的财产支出量，如表 4.11 所示。

表 4.11　　　　　　　2010～2011 年国内各机构部门财产支出量　　　　单位：亿元

年份	非金融企业部门	金融机构部门	政府部门	住户部门
2010	30 380	26 173	4 736	4 211
2011	35 627	30 689	5 508	5 139

（3）$\dot{SD}$到$\overline{SD}$的分解。$\dot{SD}$到$\overline{SD}$的分解即为由国内机构部门经常转移获得总量分解到国内各机构部门经常转移获得行向量。假定$\overline{SD} = (\overline{SD_1}\quad \overline{SD_2}\quad \overline{SD_3}\quad \overline{SD_4})$，对 2010 年和 2011 年非金融企业部门、金融机构部门、政府部门、住户部门的经常转移获得进行预测。首先利用系统方程估计出系数与残差，为系数与残差赋予初始值。使用估计出来的系数作为系数初值，用估计残差序列的标准差作为残差初值。

系统方程的设定形式为：
$$\begin{cases} v1 = c(1) \cdot v1(-1) \\ v2 = c(2) \cdot v2(-1) \\ v3 = c(3) \cdot v3(-1) \end{cases} \tag{4.29}$$

系统方程估计结果为：
$$\begin{cases} v1 = 0.966978 \cdot v1(-1) \\ v2 = 0.963184 \cdot v2(-1) \\ v3 = 1.003987 \cdot v3(-1) \end{cases} \tag{4.30}$$

根据设定的系统方程及估计结果，计算出状态空间模型的系数与残差初值。在此基础上进行状态空间模型回归，回归结果如下：

量测方程：
$$\begin{cases} \overline{SD_1} = sv1 \cdot \dot{SD} \\ \overline{SD_2} = sv2 \cdot \dot{SD} \\ \overline{SD_3} = sv3 \cdot \dot{SD} \\ sv4 = 1 - sv1 - sv2 - sv3 \end{cases} \quad t = 1, 2, \cdots, T \tag{4.31}$$

状态方程：
$$\begin{cases} sv1 = 0.976442 \cdot sv1(-1) + \hat{\varepsilon}_t \\ sv2 = 0.972773 \cdot sv2(-1) + \hat{\varepsilon}_t \\ sv3 = 0.998121 \cdot sv3(-1) + \hat{\varepsilon}_t \end{cases} \tag{4.32}$$

使用动态预测的方法，计算出 2010 年和 2011 年非金融企业部门、金融机构部门、政府部门、住户部门的经常转移收入占经常转移收入总量（$SV1F$、$SV2F$、$SV3F$、$SV4F$）的预测比重如表 4.12 所示。

表 4.12　　　　　　2010～2011 年各机构部门经常转移收入构成比重

年份	SV1F	SV2F	SV3F	SV4F
2010	0.01605	0.03744	0.56733	0.37918
2011	0.01567	0.03642	0.56626	0.38164

　　根据上述计算出的 2010 年和 2011 年经常转移收入总量，以及所求非金融企业部门、金融机构部门、政府部门、住户部门的经常转移收入占经常转移收入总量的预测比重，计算出国内各机构部门经常转移收入量，如表 4.13 所示。

表 4.13　　　　　2010～2011 年国内各机构部门经常转移收入量　　　　单位：亿元

年份	非金融企业部门	金融机构部门	政府部门	住户部门
2010	1 130	2 635	39 927	26 685
2011	1 314	3 054	47 485	32 003

　　（4）$\dot{SI}$ 到 $\underline{SI}$ 的分解。$\dot{SI}$ 到 $\underline{SI}$ 的分解即为由国内机构部门经常转移支出总量到国内各机构部门经常转移支付量的列向量。假定 $\overline{SI} = (\overline{SI_1} \quad \overline{SI_2} \quad \overline{SI_3} \quad \overline{SI_4})$，对 2010 年和 2011 年非金融企业部门、金融机构部门、政府部门、住户部门的经常转移获得进行预测。首先利用系统方程估计出系数与残差，为系数与残差赋予初始值。使用估计出来的系数作为系数初值，用估计残差序列的标准差作为残差初值。

系统方程的设定形式为：
$$\begin{cases} v1 = c(1) \cdot v1(-1) \\ v2 = c(2) \cdot v2(-1) \\ v3 = c(3) \cdot v3(-1) \end{cases} \qquad (4.33)$$

系统方程估计结果为：
$$\begin{cases} v1 = 0.939331 \cdot v1(-1) \\ v2 = 0.912052 \cdot v2(-1) \\ v3 = 1.015195 \cdot v3(-1) \end{cases} \qquad (4.34)$$

　　根据设定的系统方程及估计结果，计算出状态空间模型的系数与残差初值。在此基础上进行状态空间模型回归，回归结果如下：

量测方程：
$$\begin{cases} \overline{SI_1} = sv1 \cdot \dot{SI} \\ \overline{SI_2} = sv2 \cdot \dot{SI} \\ \overline{SI_3} = sv3 \cdot \dot{SI} \\ sv4 = 1 - sv1 - sv2 - sv3 \end{cases} \quad t = 1, 2, \cdots, T \qquad (4.35)$$

状态方程：$\begin{cases} sv1 = 0.985641 \cdot sv1(-1) + \hat{\varepsilon}_t \\ sv2 = 0.992621 \cdot sv2(-1) + \hat{\varepsilon}_t \\ sv3 = 0.993287 \cdot sv3(-1) + \hat{\varepsilon}_t \end{cases}$ 　　　(4.36)

使用动态预测的方法，计算出 2010 年和 2011 年非金融企业部门、金融机构部门、政府部门、住户部门的经常转移支出占经常转移支出总量（$SV1F$、$SV2F$、$SV3F$、$SV4F$）的预测比重如表 4.14 所示。

表 4.14　　　　　2010 ~ 2011 年各机构部门经常转移支出构成比重

年份	$SV1F$	$SV2F$	$SV3F$	$SV4F$
2010	0.17477	0.08314	0.35884	0.38326
2011	0.17226	0.08253	0.35643	0.38879

根据上文得出的 2010 年和 2011 年经常转移支出总量，以及所求非金融企业部门、金融机构部门、政府部门、住户部门的经常转移支出占经常转移支出总量的预测比重，计算出国内各机构部门的经常转移支出量，如表 4.15 所示。

表 4.15　　　　　2010 ~ 2011 年国内各机构部门经常转移支出量　　　单位：亿元

年份	非金融企业部门	金融机构部门	政府部门	住户部门
2010	11 792	5 610	24 211	25 858
2011	14 164	6 786	29 307	31 968

4.3.4　用 RAS 法求解增加值矩阵

上述已经求得增加值矩阵 JN 的行合计和列合计，在 2009 年增加值矩阵的基础上，以 2009 年增加值部门构成与交易构成比重为依据，采用 RAS 法进行平衡处理，得到 2010 年和 2011 年的增加值矩阵，如表 4.16、表 4.17 所示。

表 4.16　　　　　　　　　2010 年增加值矩阵

指标	非金融企业部门	金融机构部门	政府部门	住户部门	行合计
劳动报酬	54 710	2 773	47 709	86 632	54 710
生产税净额	37 773	1 462	1 123	9 394	37 773
营业盈余	85 041	7 500	17 212	50 184	85 041
列合计	177 524	11 735	66 043	146 210	

表4.17　　　　　　　　　　　2011 年增加值矩阵　　　　　　　　　　单位：亿元

指标	非金融企业部门	金融机构部门	政府部门	住户部门	行合计
劳动报酬	63 052	3 139	55 474	101 539	63 052
生产税净额	44 251	1 683	1 327	11 192	44 251
营业盈余	101 125	8 760	20 650	60 690	101 125
列合计	208 428	13 582	77 451	173 421	

4.3.5　用 DRAS 法求解收入和支出矩阵

因为各机构部门劳动报酬和生产税净额获得与支付均已知，所以，在使用 DRAS 法对矩阵 AS 和 BS 进行平衡预测的时候，将矩阵 AS 的两个已知行向量和矩阵 BS 的两个已知列向量去掉，对剩下的部分进行 DRAS 法平衡预测处理。为提高估算结果的准确性，在使用 DRAS 方法对 2010 年和 2011 年收入矩阵与支出矩阵进行平衡处理的时候，将财产收入矩阵与经常转移收入矩阵分开，对财产收入获得矩阵与财产收入支付矩阵、经常转移获得矩阵与经常转移支付矩阵分别使用 DRAS 法。

假定：

$$AS = \begin{pmatrix} PI11 & EP1 \\ PI12 & 0 \\ PI2 & EP2 \\ SI & ES \end{pmatrix} = \begin{pmatrix} AS1 \\ AS2 \\ AS3 \end{pmatrix}$$

$$BS = \begin{pmatrix} PD11 & PD12 & PD2 & SD \\ RP1 & 0 & RP2 & RS \end{pmatrix} = (BS1 \quad BS2 \quad BS3) \qquad (4.37)$$

其中：

$$AS1 = \begin{pmatrix} PI11 & EP1 \\ PI12 & 0 \end{pmatrix} \qquad AS2 = (PI2 \quad EP2) \qquad AS3 = (SI \quad ES)$$

$$BS1 = \begin{pmatrix} PD11 & PD12 \\ RP1 & 0 \end{pmatrix} \qquad BS2 = \begin{pmatrix} PD2 \\ RP2 \end{pmatrix} \qquad BS3 = \begin{pmatrix} SD \\ RS \end{pmatrix} \qquad (4.38)$$

对财产收入获得与支付矩阵、经常转移获得与支付矩阵分别使用 DRAS 法平衡预测处理，即：

$$AS2 = RAS(\overline{AS2} : AS2_0 : \underline{AS2} = \overline{BS2}') \Leftrightarrow BS2 = RAS(\overline{BS2} = \underline{AS2}' : BS2_0 : \underline{BS2})$$

$$(4.39)$$

$$AS3 = RAS(\overline{AS3}:AS3_0:\underline{AS3} = \overline{BS3'}) \Leftrightarrow BS3 = RAS(\overline{BS3} = \overline{AS3'}:BS3_0:\underline{BS3})$$

$$(4.40)$$

4.3.6 推导各机构部门储蓄

在已知政府和住户消费数据以及前述国民收入与支出流量计算结果的基础上，根据机构部门储蓄递推公式：$\hat{S} = \overline{JN} + \overline{PD11} + \overline{PD12} + \overline{PD2} + \overline{SD} - \hat{PI11} - \hat{PI12} - \hat{PI2} - \hat{SI} - \hat{C}$，计算出各机构部门的储蓄额，其中国外部门的储蓄额也即国外部门的分配收入交易差。

4.3.7 延长表的实际编制与数据质量的检验

根据上述国民收入核算矩阵延长表的编制方法，结合国民收入核算矩阵"S – BY – T"和"S – BY – S"表的编制方法，我们编制了 2010～2011 年国民收入核算矩阵"S – BY – T"和"S – BY – S"延长表。结果如表 4.18～表 4.21 所示。

为了检验延长表的编制质量，我们将国民收入流量组合预测模型 NCFM、国民收入动态均衡模型 NDEM、专门为分配结构系数设计的状态空间模型、RAS 法、DRAS 法结合运用，采用与预测 2010 年和 2011 年国民收入核算矩阵一致的预测方法和步骤，在 2008 年表的基础上预测 2009 年的"S – BY – T"延长表。用预测表与实际表进行对比，验证其误差程度。而且在用本书设计的方法预测 2009 年表的时候，未知变量和已知变量的选择与确定保持与预测 2010 年和 2011 年表一致，即假定增加值总量、居民（农村居民和城镇居民）与政府消费、国外工资与薪金支出与收入、国外财产收入与支出总量、国外经常转移收入与支出总量、财政收入总量已知，其余总量和矩阵元素均未知。

本部分验证数据质量分别采用 Theil's U、SWAD（Standardized Weighted Absolute Difference）和 STPE（Standardized Total Percentage Error）三个指数计算预测矩阵与实际矩阵的偏离程度。三个指数的计算公式分别为：

$$Theil's\,U = \sqrt{\frac{\sum\sum(a_{ij} - q_{ij})^2}{\sum\sum a_{ij}^2}} \times 100\% \qquad (4.41)$$

表 4.18　　2010 年国民收入核算矩阵 "S－BY－T" 表

单位：亿元

			机构部门（初次分配收入）					初次分配收入						再分配收入					增加值			总收入
		编号	非金融企业	金融机构	政府	住户	国外	劳动者报酬	生产税净额	利息	红利	租金	其他财产收入	收入税	社会保险缴款	社会保险福利	社会补助	其他经常转移	劳动报酬	生产税净额	总营业盈余	
			1	2	3	4	5	6	7	8	9	10	11	12	13	14	15	16	17	18	19	20
机构部门	非金融企业	1								9 191	8 487	0	64	0	0	0	0	1 130	85 070	41 611	105 750	251 302
	金融机构	2								27 143	530			0	0	0	0	2 635	5 856	2 188	12 668	51 020
	政府	3							49 752	1 927	2 546	2 041	844	18 426	19 206	0	0	2 295	29 890	498	8 624	136 048
	住户	4						192 648		11 073	1 057	0	1 830	0	0	14 621	7 430	4 635	71 008	5 455	32 895	342 651
	国外	5						99			7 635							446				8 180
初次分配支出	劳动者报酬	6	85 070	5 856	29 890	71 008	923															192 747
	生产税净额	7	41 611	2 188	498	5 455	0															49 752
	利息	8	17 007	23 775	4 371	4 181	0															49 334
	红利	9	10 434	954			8 867															20 254
	租金	10	2 011			30																2 041
	其他财产收入	11	929	1 444	365																	2 738
再分配支出	收入税	12	9 810	3 782		4 834	0															18 426
	社会保险缴款	13	0	0	1 868	17 337	0															19 206
	社会保险福利	14	0	0	14 621		0															14 621
	社会补助	15	136	0	7 294		0															7 430
	其他经常转移	16	1 846	1 828	428	3 687	3 352															11 140

续表

		机构部门					初次分配收入						再分配收入					增加值			总收入
	编号	非金融企业	金融机构	政府	住户	国外	劳动者报酬	生产税净额	利息	红利	租金	其他财产收入	收入税	社会保险缴款	社会保险福利	社会保障补助	其他经常转移	劳动报酬	生产税净额	总营业盈余	
		1	2	3	4	5	6	7	8	9	10	11	12	13	14	15	16	17	18	19	20
农村居民消费	17				31 975																31 975
城镇居民消费	18				108 784																108 784
政府消费	19			53 356																	53 356
储蓄	20	82 450	11 194	23 357	95 360	-4 963															207 398
总支出	21	251 302	51 020	136 048	342 651	8 180	192 747	49 752	49 334	20 254	2 041	2 738	18 426	19 206	14 621	7 430	11 140	191 824	49 752	159 937	1 578 402

可支配收入

表 4.19　2010 年国民收入核算矩阵 "S – BY – S" 表

单位：亿元

		初次分配收入					再分配收入					增加值			总收入
		非金融企业	金融机构	政府	住户	国外	非金融企业	金融机构	政府	住户	国外	劳动报酬	生产税净额	总营业盈余	
	编号	1	2	3	4	5	6	7	8	9	10	11	12	13	14
初次分配收入 非金融企业	1	7 562	4 863	823	779	3 715						85 070	41 611	105 750	250 173
金融机构	2	9 630	13 106	2 405	2 300	232						5 856	2 188	12 668	48 385
政府	3	45 883	3 681	781	5 649	1 114						29 890	498	8 624	96 121
住户	4	90 009	12 204	31 099	71 910	1 385						71 008	5 455	2 895	315 966
国外	5	3 977	362	15	36	3 343									7 734
再分配收入 非金融企业	6	93 112					187	185	43	374	340				94 241
金融机构	7		14 168				437	432	101	872	793				16 804
政府	8			60 997			10 190	4 159	1 957	22 931	691				100 924
住户	9				235 292		904	760	22 093	1 534	1 395				261 977
国外	10					-2 057	74	73	17	148	134				-1 611
可支配收入 农村居民消费	11									31 975					31 975
城镇居民消费	12									108 784					108 784
政府消费	13								53 356						53 356
储蓄	14						82 450	16 804	11 194	23 357	95 360	-4 963			207 398
总支出	15	250 173	48 385	96 121	315 966	7 734	94 241	16 804	100 924	261 977	-1 611	191 824	49 752	159 937	1 592 227

表 4.20

2011 年国民收入核算矩阵 "S－BY－T" 表

单位：亿元

	编号	机构部门					初次分配收入						再分配收入					增加值			
		非金融企业 1	金融机构 2	政府 3	住户 4	国外 5	劳动者报酬 6	生产税净额 7	利息 8	红利 9	租金 10	其他财产收入 11	收入税 12	社会保险缴款 13	社会保险福利 14	社会补助 15	其他经常转移 16	劳动报酬 17	生产税净额 18	总营业盈余 19	总收入 20
机构部门 非金融企业	1								10 756	9 075		75					1 314	98 556	48 859	126 264	294 899
金融机构	2								30 596	546							3 054	6 692	2 534	14 919	58 341
政府	3							58 453	2 216	2 675	2 252	971	21 786	23 063			2 637	34 846	589	10 362	159 848
住户	4						224 170		12 830	1 119		2 120			17 681	8 982	5 340	83 111	6 471	39 680	401 505
国外	5						105			10 002							1 958				12 064
初次分配支出 劳动者报酬	6	98 556	6 692	34 846	83 111	1 070															224 274
生产税净额	7	48 859	2 534	589	6 471																58 453
利息	8	18 577	27 642	5 077	5 102	8 270															56 399
红利	9	13 804	1 343																		23 417
租金	10	2 215			37																2 252
其他财产收入	11	1 031	1 704	430																	3 166
再分配支出 收入税	12	11 509	4 359		5 917																21 786
社会保险缴款	13			2 211	20 852																23 063
社会保险福利	14			17 681	0																17 681
社会补助	15	160		8 822	0																8 982
其他经常转移	16	2 494	2 427	593	5 199	3 589															14 303

续表

	编号	机构部门					初次分配收入						再分配收入					增加值			总收入
		非金融企业 1	金融机构 2	政府 3	住户 4	国外 5	劳动者报酬 6	生产税净额 7	利息 8	红利 9	租金 10	其他财产收入 11	收入税 12	社会保险缴款 13	社会保险福利 14	社会补助 15	其他经常转移 16	劳动报酬 17	生产税净额 18	总营业盈余 19	20
农村居民消费	17				37 395																37 395
城镇居民消费	18				127 551																127 551
政府消费	19			63 616																	63 616
储蓄	20	97 693	11 639	25 982	109 870	−865															244 320
总支出	21	294 899	58 341	159 848	401 505	12 064	224 274	58 453	56 399	23 417	2 252	3 166	21 786	23 063	17 681	8 982	14 303	223 204	58 453	191 225	1 853 312

（可支配收入）

表 4.21　　　　　　　　　　　　　2011 年国民收入核算矩阵"S－BY－S"表

单位：亿元

支出/使用	编号	初次分配收入 非金融企业 (1)	金融机构 (2)	政府 (3)	住户 (4)	国外 (5)	再分配收入 非金融企业 (6)	金融机构 (7)	政府 (8)	住户 (9)	国外 (10)	增加值 劳动报酬 (11)	生产税净额 (12)	总营业盈余 (13)	总收入 (14)
初次分配支出 非金融企业	1	8 917	5 833	979	973	3 205						98 556	48 859	126 264	293 585
金融机构	2	10 400	15 027	2 754	2 768	193						6 692	2 534	14 919	55 286
政府	3	53 696	4 296	920	6 709	945						34 846	589	10 362	112 363
住户	4	104 086	14 183	36 273	84 232	1 465						83 111	6 471	39 680	369 501
国外	5	5 942	577	16	39	3 533									10 106
再分配支出 非金融企业	6	110 543					229	223	55	478	330				111 857
金融机构	7		15 371				533	518	127	1 110	766				18 426
政府	8			71 421			11 969	4 807	2 320	27 727	662				118 905
住户	9				274 780		1 092	906	26 725	1 941	1 340				306 784
国外	10					767	341	332	81	712	491				2 724
可支配收入使用 农村居民消费	11									37 395					37 395
城镇居民消费	12									127 551					127 551
政府消费	13								63 616						63 616
储蓄	14						97 693	11 639	25 982	109 870	-865				244 320
总支出	15	293 585	55 286	112 363	369 501	10 106	111 857	18 426	118 905	306 784	2 724	223 204	58 453	191 225	1 872 419

$$SWAD = \frac{\sum \sum a_{ij} |a_{ij} - q_{ij}|}{\sum \sum a_{ij}^2} \times 100\% \qquad (4.42)$$

$$STPE = \frac{\sum \sum |a_{ij} - q_{ij}|}{\sum \sum a_{ij}} \times 100\% \qquad (4.43)$$

其中，a_{ij}为实际矩阵数据，q_{ij}为预测矩阵数据。

用三种方法检测时，为了不受已知数据的干扰，提高检验的质量，我们在实际矩阵和预测矩阵中均扣减已知元素，只检验原来未知的预测数据部分，即用扣减已知元素后的实际矩阵和预测矩阵计算三个指数。用上述预测方法得出的预测矩阵与实际矩阵的差异程度分别为0.47%，2.61%和5.56%。检验结果表明，用本书设计的模型和方法编制国民收入核算矩阵延长表是可行的。

第5章

国民收入核算矩阵的描述性应用研究

5.1 国民收入核算矩阵分析框架

编制国民收入核算矩阵的目的是为了应用。基于国民收入核算矩阵的经济分析有其不同于其他分析的特点：一是可以打破总量分析的局限性，利用矩阵数据进行分析；二是便于在矩阵基础上直接建立数学模型进行分析。在国民收入分析领域，目前以矩阵数据为基础的分析难以见到，也还没有形成一些成熟的方法。因此，探讨与尝试如何在国民收入核算矩阵数据基础上进行系统性的经济分析，建立一套分析思路和方法的框架是我们想要完成的工作。

基于国民收入核算矩阵的分析框架可以分为两个层次：一是直接利用矩阵数据进行描述性分析；二是在矩阵数据基础上将其模型化，进行更深层次关系的挖掘。完整的框架内容应该从五个不同的角度来说明。

1. 分析内容：国民收入初次分配、再分配和使用的关系分析

从分析内容出发，可以将国民收入分析内容分为：

（1）原始收入和收入初次分配关系分析。从国民收入运动过程看，包括从增加值形成之后的收入初次分配和再分配过程。在初次分配环节有按劳动和资本要素等划分的原始收入指标，也有按部门划分的收入与支出指标，既有从分配角度观察的原始收入数据，也有从收入承受者角度观察的初次分配余额数据。这些数据存在于国民收入核算账户中，在初次分配分析中，可以分析政府、企业、居民三者的关系，也可以分析不同部门以及整个社会的各生产要素收入的比例关系。

（2）收入再分配关系分析。国民收入核算矩阵中有再分配收入和支出的全部数据，既有详细的部门数据，也有详细的交易分类数据，可以利用其进行收入再分配中的错综复杂的经济关系分析。

（3）可支配收入与使用分析。收入初次分配和再分配的结果形成各部门可支配收入，可支配收入是可用于消费支出和储蓄的收入。在国民收入核算矩阵中，专门形成了一个可支配收入子矩阵，其中包括了消费支出和储蓄的详细数据。我们可以据此进行消费水平分析、消费的交易类别分析、部门消费结构分析、消费和储蓄的比例关系分析等。

2. 分析工具：子矩阵分析

国民收入分析框架是由矩阵本身结构所决定的。作为一种分析工具，国民收入核算矩阵由国民收入流量表与支出流量表，以及两个独立子矩阵增加值矩阵、可支配收入矩阵构成。其中，收入表包含的子矩阵块有初次分配收入矩阵、再分配收入矩阵；支出表包含的子矩阵块有初次分配支出矩阵、再分配支出矩阵。基于国民收入核算矩阵对国民收入分配关系进行基本分析就可以从每个子矩阵块出发。

从分析工具角度出发，可以将不同子矩阵功能分为：

（1）独立子矩阵分析。在国民收入核算矩阵中，可以将全部数据分为两部分：一部分是各部门相互依存的收入与支出流量；另一部分是独立于收入和支出流量的矩阵。而后者又主要有两个子矩阵，一个是反映原始收入来源的增加值矩阵，另一个是反映收入分配结果的可支配收入矩阵。我们可以在这两个矩阵基础上进行经济分析，在增加值矩阵基础上分析机构部门间增加值构成结构与规模，在可支配收入使用矩阵基础上进行机构部门间消费与储蓄结构和规模分析。

（2）"部门×交易"流量子矩阵分析。国民收入核算矩阵中有两张流量表，另一张是"部门×交易"收入流量表，另一张是"交易×部门"支出流量表。基于国民收入核算矩阵"S－BY－T"表，可以从流量与系数两个角度进行收入分配部门交易关系的分析。在流量分析方面，通过近期"部门×收入"收入表和支出表的分析，可以了解当前各机构部门分配收入的获得与支出现状，通过不同年份"部门×收入"收入表和支出表的对比分析，可以清楚各机构部门收入分配过程中的收入获得与支出动态。在系数分析中，可以通过基于"S－BY－T"表的两组部门交易系数进行分析，这两组系数分别为部门收入市场份额、部门支出市场份额、部门收入结构系数、部门支出结构系数。通过近年来某一年份这两组数据的分析，可以了解部门交易的收入分配关系现状，通过不同年份这两组数据的比较分析，可以了解部门交易收入分配关系的动态变化关系。

（3）"部门×部门"流量子矩阵分析。在部门与交易交叉表的基础上，可以编制部门与部门交叉表，即"S－BY－S"表，这给分析部门间收入分配关系提供了很好的工具。利用矩阵全面分析部门间关系，这种分析是独特的，是其他分析工具中所没有的。

从前面编制的"S－BY－S"表可以看出，国民收入核算矩阵"S－BY－S"表可细分为初次分配"S－BY－S"表、再分配"S－BY－S"表，所以，分析部门间国民收入分配的关系，还可以从两个角度入手：一是可以基于初次分配"S－BY－S"矩阵和再分配"S－BY－S"矩阵两个子矩阵，各自分析部门间收入初次分配关系和再分配关系；二是可以将两个子矩阵合并为一个完整矩阵，分析国内各机构部门间的整体收入分配关系，包括国内各机构部门与国外部门间的关系。

3. 分析对象：流量分析与系数分析

从分析方法划分，可以将国民收入核算矩阵的分析对象分为流量分析和系数分析两种。

（1）流量矩阵分析。无论是部门与交易交叉型表还是部门与部门交叉型表，首先都是由流量数据所组成的。利用国民收入核算矩阵可以从行的角度去分析某一部门从其他部门或交易中获得的收入，从列的角度分析某一部门对其他部门或交易项目的支付。基于流量矩阵进行分析，既有总量的也有详细分量的分析。不同于其他总量与分量各自独立的分析，矩阵中的流量数据全部是交叉型的，或者是部门与交易交叉型，或者是部门与部门交叉型，在"关系型"分析中十分便利。

（2）系数矩阵分析。在各种流量矩阵的基础上可以计算相应的系数矩阵，在部门与交易交叉表中，可以直接计算三组系数矩阵，它们分别是部门收入市场份额矩阵和部门支出市场份额矩阵，部门总收入结构系数矩阵和部门总支出结构系数矩阵，部门分配收入结构系数矩阵和部门分配支出结构系数矩阵。如果将收入初次分配和再分配分开，还可以产生更多的系数矩阵。在部门与部门交叉表中，可以计算两组系数矩阵，分别是部门分配收入系数矩阵和部门分配支出系数矩阵，部门直接收入系数矩阵和部门直接支出系数矩阵。我们可以从不同层次的矩阵出发，在流量矩阵分析的同时，借助这些系数矩阵全面分析部门交易间与部门间国民收入分配的结构。

4. 分析时期：静态分析与动态分析

从分析时期上划分，可以将国民收入核算矩阵的分析方法分为静态分析法和动态分析法。

（1）静态分析。国民收入核算矩阵一般是一个年度一张表，利用一个年度的数据只能做静态分析。如上所述，静态分析在内容上分为独立子矩阵分析、部门与交易交叉表分析和部门与部门交叉分析，从方法上包括流量分析和系数分析。

（2）动态分析。如果每年都连续编制国民收入核算矩阵，我们就可以从动态上进行比较分析，包括各种流量矩阵的历史比较和系数的变动分析。同投入产出系数对比，国民收入与支出系数的稳定性要弱一些，但有些系数也具有很高的稳定性，如生产税乘数等。不过，也正是由于其不稳定性，对于宏观调控也具有更重要的意义。

5. 分析方法：乘数模型与国民收入一般均衡模型

有别于描述性分析，在国民收入核算矩阵的基础上可以建立比较复杂的数学模型，用来分析更深层次的问题，可以建立的模型主要包括乘数模型和一般均衡模型。

（1）乘数模型。国民收入乘数模型是建立在计算完全收入系数矩阵和完全支出系数矩阵基础上的。在描述性分析框架内，可以利用矩阵表直接计算一些系数矩阵，但都是直接收支系数，更深层次的问题是部门交易之间不仅仅是一种直接收支关系，还包含间接收支关系，把这些直接和间接收支关系都用一个系数表达出来，就是乘数。在乘数计算的基础上，可以建立各种乘数模型，用来分析各部门和交易之间的复杂联系。

（2）国民收入一般均衡模型。可以依赖国民收入核算矩阵建立国民收入一般均衡模型。一般均衡模型是包含国民收入运动全过程的主要变量且具有各种均衡关系约束的计量经济模型，可以采用联立方程形式。我们认为，一个以矩阵为依据的一般均衡模型需要满足两个要求：一是能够将估计参数与矩阵参数吻合；二是需要有足够长的时间序列数据。目前所看到的所谓基于社会核算矩阵的一般均衡模型，由于没有时间序列支撑，没有实际编制表的数据支撑，多数都是理论和概念性的。有些模型只有几个总量指标，系数不能分解为矩阵关系，实际上有无社会核算矩阵都一样，还不能称为真正意义上的社会核算矩阵模型，这一领域还需要今后继续挖掘。

本章我们将重点考虑描述性分析问题，初步建立一个描述性分析框架，这也是国民收入核算矩阵的基本应用。有关乘数模型分析的问题，将在下一章讨论。

5.2   基于国民收入核算矩阵"部门×交易" 收入分配关系分析

5.2.1   基于"S–BY–T"的收入矩阵表流量与系数分析

1. 分析方法和思路

国民收入核算矩阵"S–BY–T"收入矩阵表反映各机构部门分配收入的获得情况，收入矩阵表包含原始收入、初次分配收入与再分配收入部分，行表示各机构部门分配收入获得多少，列表示各分配收入项目的构成情况。在国民收入核算矩阵"S–BY–T"收入矩阵表基础上，可以分析部门分配收入规模，也即部门收入分配流量大小；可以利用部门收入市场份额矩阵、部门分配收入结构系数矩阵、部门总收入结构系数矩阵，以分析各部门的交易结构及各交易项目的部门结构；还可以对原始收入、初次分配收入及再分配收入相互关系进行分析。

（1）收入流量分析。国民收入核算矩阵"S–BY–T"矩阵由两张表重叠组合而成，一张是部门收入流量表，另一张是部门支出流量表。收入流量表符号如表 5.1 所示。

表 5.1 　　　　　　国民收入核算矩阵收入流量表符号表

	机构部门	分配收入	增加值	总收入
机构部门		BS	JN	G'

表中，BS 是一个部门初次分配收入和再分配收入流量表。依据 BS，

可以分析每个部门和经济总体的各种收入流量。

（2）部门分配收入结构系数矩阵。部门分配收入结构系数矩阵用 $A^\#$ 表示，$a_{ij}^\#$ 表示 i 部门的第 j 项交易收入占 i 部门总分配收入的比重。利用国民收入核算 "S－BY－T" 矩阵的符号表，给出部门分配收入结构系的公式如下：

$$a_{ij}^\# = bs_{ij}/\overline{bs}_j \quad (i = 1, 2, \cdots, n; j = 1, 2, \cdots, m) \quad (5.1)$$

矩阵表达式为：

$$A^\# = (\widehat{\overline{BS}})^{-1} \cdot BS \quad (5.2)$$

（3）部门总收入结构系数。部门总收入结构系数矩阵用 A 表示，说明某个机构部门的某种收入占该机构部门总收入的比重。部门收入结构系数用 a_{ij} 表示，说明第 i 个部门中第 j 种收入占该机构部门总收入的比重。利用国民收入核算 "S－BY－T" 矩阵的符号表，给出部门总收入结构系数的公式如下：

$$a_{ij} = \frac{(bs)_{ij}}{g_i} \quad (i = 1, 2, \cdots, n; j = 1, 2, \cdots, m) \quad (5.3)$$

矩阵形式为：

$$A = (\hat{G})^{-1} \cdot (BS) \quad (5.4)$$

（4）部门收入市场份额。部门收入市场份额矩阵用 A^* 表示，说明某个机构部门的某种收入所占整个国民经济中该种收入总额的比重。部门收入市场份额用 a_{ij} 表示，说明第 i 个部门中第 j 种收入所占整个国民经济中该种收入总额的比重。利用国民收入核算 "S－BY－T" 矩阵的符号表，给出部门收入市场份额的公式如下：

$$a_{ij}^* = \frac{(bs)_{ij}}{\underline{bs}_j} \quad (i = 1, 2, \cdots, n; j = 1, 2, \cdots, m) \quad (5.5)$$

矩阵形式为：

$$A^* = (BS) \cdot (\hat{\underline{BS}})^{-1} \quad (5.6)$$

2. 分析实例

（1）流量分析。通过观察 2001 年和 2011 年国民收入核算矩阵收入表（见表 5.2 和表 5.3），可以发现各机构部门的劳动者报酬向量由 2001 年的 $(0\ \ 0\ \ 0\ \ 57\ 530\ \ 70)'$ 转变为 2011 年的 $(0\ \ 0\ \ 0\ \ 224\ 170\ \ 105)'$，住户部门劳动报酬获得快速增长，年平均增长速度为 14.6%。政府是生产税净额获得的唯一部门，其生产税由 2001 年的 12 968 亿元增加到 2011 年的 58 453 亿元，平均增长速度为 16.37%，增长迅速。

表 5.2

2001 年国民收入核算矩阵收入表

单位：亿元

机构部门	初次分配收入						再分配收入					增加值			总收入
	劳动者报酬	生产税净额	利息	红利	地租	其他财产	收入税	社会保险缴款	社会保险福利	社会补助	其他经常转移	劳动者报酬	生产税净额	营业盈余	
非金融企业			1 726	753		24					311	27 028	10 236	25 428	65 506
金融机构			5 327	55							276	1 795	1 612	947	10 011
政府		12 968	379	263	93	19	3 363	3 102			413	8 053	121	937	29 710
住户	57 530		2 658	219		66			2 748	1 161	766	20 701	999	11 800	98 647
国外	70			2 294							52				2 416
合计	57 600	12 968	10 090	3 584	93	109	3 363	3 102	2 748	1 161	1 818	57 576	12 968	39 111	206 291

表 5.3

2011 年国民收入核算矩阵收入表

单位：亿元

机构部门	初次分配收入						再分配收入					增加值			总收入
	劳动者报酬	生产税净额	利息	红利	地租	其他财产	收入税	社会保险缴款	社会保险福利	社会补助	其他经常转移	劳动者报酬	生产税净额	营业盈余	
非金融企业			10 756	9 075		75					1 314	98 556	48 859	126 264	294 899
金融机构			30 596	546							3 054	6 692	2 534	14 919	58 341
政府		58 453	2 216	2 675	2 252	971	21 786	23 063			2 637	34 846	589	10 362	159 848
住户	224 170		12 830	1 119		2 120			17 681	8 982	5 340	83 111	6 471	39 680	401 505
国外	105			10 002							1 958				12 064
合计	224 274	58 453	56 399	23 417	2 252	3 166	21 786	23 063	17 681	8 982	14 303	223 204	58 453	191 225	926 656

由国内各机构部门的利息、红利、租金、其他财产收入向量，经过合并得到各机构部门的财产收入向量。通过 2001 年和 2011 年国民收入核算矩阵收入表的观察和计算，得到 2001 年的国内财产收入向量为 (2 503 5 381 754 2 944 2 294)′，全国各机构部门财产收入获得总量为 13 876 亿元；2011 年为 (19 906 31 142 8 114 16 070 10 002)′，财产收入获得总量为 85 234 亿元。10 年来各机构部门财产收入获得增长速度分别为 23.83%、20.51%、30.77%、19.69%、20.29%；全国财产收入总量的平均增长速度为 20.71%，非金融企业和政府的财产收入获得增长速度快于平均增长速度。2001 年各机构部门的财产收入获得占总财产收入获得的比重分别为 18.04%、38.78%、5.43%、21.22%、16.53%；2011 年分别为 23.36%、36.54%、9.52%、18.85%、11.73%，非金融企业和政府的财产收入获得占比显著上升，金融机构、住户及国外的财产收入获得占比下降。

各机构部门再分配收入矩阵由收入税、社会保险缴款、社会保险福利、社会补助、其他经常转移向量组成，各向量通过合并又可以构成各机构部门的经常转移获得总向量。通过 2001 年和 2011 年国民收入核算矩阵收入表的观察与计算，得到 2001 年各机构部门收入分配中经常转移的获得总向量为 (311 276 6 877 4 674 52)′，全国各机构部门经常转移获得总量为 12 191 亿元；到 2011 年转变为 (1 314 3 054 47 485 32 003 1 958)′，全国经常转移获得总量为 85 814 亿元。10 年来各机构部门经常转移获得增长速度分别为 17.45%、28.06%、21.45%、21.27%、66.91%，全国经常转移获得总量的平均增长速度为 21.62%，非金融企业、政府和住户的经常转移获得平均增长速度均低于平均增长速度。2001 年各机构部门的经常转移收入获得占总经常转移的比重分别为 2.55%、2.26%、56.41%、38.34%、0.43%；2011 年分别为 1.53%、3.56%、55.33%、37.29%、2.28%。各机构部门经常转移获得的比重发生的变化不大，结构基本稳定，政府始终在经常转移获得中占据绝对主要地位。政府经常转移的获得主要来源于收入税和社会保险缴款，说明政府从住户获得转移收入越来越多，这可能是政府为调整当前居民不合理的收入分配格局，向高收入群体高征税的一种体现，但政府在调整当前国民收入分配格局中的作用任重道远。目前是国民收入分配格局转型的关键时期，政府应充分发挥其作用，要有"劫富济贫"的理念，不单单要向高收入群体高征税，而且要向低收入群体转移更多的收入，让低收入群体真正得到实惠，从而实现国民收入分配格局的逐渐转型。

（2）部门收入市场份额矩阵分析。为分析部门收入市场份额的现状，可以根据近年来（2011年）国民收入核算矩阵"S – BY – T"表中的"部门×收入"收入表计算出近年来（2011年）的部门收入市场份额矩阵，并从交易的角度，也就是说从列的角度去剖析该矩阵中各系数的含义。

为分析部门收入市场份额的动态变化关系，可以基于国民收入核算矩阵"S – BY – T"表计算出不同年份的部门收入市场份额矩阵，对比不同年份的部门收入市场份额矩阵。为说明此种分析方法，本书主要基于2001年和2011年国民收入核算矩阵"S – BY – T"表中"部门×收入"收入表计算出2001年和2011年的部门收入市场份额矩阵（见表5.4和表5.5），并对2001年和2011年的部门收入市场份额矩阵进行对比分析，以查明部门收入市场份额的变化情况。

表5.4　　　　　　　　　　2001年部门收入市场份额矩阵

机构部门	劳动者报酬	生产税净额	利息	红利	租金	其他财产收入	收入税	社会保险缴款	社会保险福利	社会补助	其他经常转移
非金融企业	0.000	0.000	0.171	0.210	0.000	0.217	0.000	0.000	0.000	0.000	0.171
金融机构	0.000	0.000	0.528	0.015	0.000	0.000	0.000	0.000	0.000	0.000	0.152
政府	0.000	1.000	0.038	0.073	1.000	0.176	1.000	1.000	0.000	0.000	0.227
住户	0.999	0.000	0.263	0.061	0.000	0.607	0.000	0.000	1.000	1.000	0.421
国外	0.001	0.000	0.000	0.640	0.000	0.000	0.000	0.000	0.000	0.000	0.029

表5.5　　　　　　　　　　2011年部门收入市场份额矩阵

机构部门	劳动者报酬	生产税净额	利息	红利	租金	其他财产收入	收入税	社会保险缴款	社会保险福利	社会补助	其他经常转移
非金融企业	0.000	0.000	0.191	0.388	0.000	0.024	0.000	0.000	0.000	0.000	0.092
金融机构	0.000	0.000	0.542	0.023	0.000	0.000	0.000	0.000	0.000	0.000	0.214
政府	0.000	1.000	0.039	0.114	1.000	0.307	1.000	1.000	0.000	0.000	0.184
住户	1.000	0.000	0.227	0.048	0.000	0.670	0.000	0.000	1.000	1.000	0.373
国外	0.000	0.000	0.000	0.427	0.000	0.000	0.000	0.000	0.000	0.000	0.137

在利用部门收入市场份额矩阵对部门交易关系进行说明时我们以利息为例。通过上述 2001 年和 2011 年部门收入市场份额矩阵的观察，可知 2001 年和 2011 年利息的部门收入市场份额向量分别为：

2001 年：（0.171　0.528　0.038　0.263　0)′

2011 年：（0.191　0.542　0.039　0.227　0)′

数据表明，在收入初次分配过程中，国内机构部门均有利息获得，且金融机构是利息获得的最主要部门，其次为住户部门，接着为非金融企业部门。2001 年金融机构部门的利息收入市场份额为 0.528，也就是说在收入分配过程中，金融机构部门的利息获得占利息获得总额的比重为52.8%；2011 年金融机构部门利息收入市场份额为 0.542，较之 2001 年有略微的上升趋势。金融机构部门在利息收入获得中占绝对优势，这与金融机构部门的性质有直接关系。2001 年住户部门利息收入市场份额为0.263，2011 年住户部门的利息收入市场份额为 0.227，有明显下降的趋势。随着经济金融业的发展，以及金融投资产品的多元化，住户部门投资的渠道和方式也呈现多样化的趋势，住户部门的投资获得也不再仅仅是银行存款的利息获得，所以住户部门利息收入市场份额呈现下降的趋势。2001 年非金融企业部门的利息收入市场份额为 0.171，到 2011 年非金融企业部门的利息收入市场份额为 0.191，有明显上升的趋势。政府部门利息收入市场份额变化不显著，2001 年为 0.038，到 2011 年为 0.0039。政府部门是为人民服务的政策部门，它的利息获得在整个国家机构部门中是非常弱势的。

（3）部门总收入结构系数矩阵分析。为分析部门收入结构的现状，可以根据近年来（2011 年）国民收入核算矩阵"S-BY-T"表中的"部门×收入"收入表计算出近年来（2011 年）的部门总收入结构系数矩阵，并从部门的角度，也就是说从行的角度去剖析该矩阵中各系数的含义。

为分析部门总收入结构的动态变化关系，可以基于国民收入核算矩阵"S-BY-T"表计算出不同年份的部门总收入结构系数矩阵，对比不同年份的部门总收入结构系数矩阵。现基于 2001 年与 2011 年的国民收入核算矩阵"S-BY-T"表中"部门×收入"收入表计算出 2001 年和 2011 年的部门总收入结构系数矩阵（见表5.6和表5.7），并对 2001 年和 2011 年的部门总收入结构系数矩阵进行对比分析，以查明部门总收入结构的变化情况。

表 5.6　　　　　　　　　　　2001 年部门总收入结构系数矩阵

机构部门	劳动者报酬	生产税净额	利息	红利	租金	其他财产收入	收入税	社会保险缴款	社会保险福利	社会补助	其他经常转移
非金融企业	0.000	0.000	0.026	0.011	0.000	0.000	0.000	0.000	0.000	0.000	0.005
金融机构	0.000	0.000	0.532	0.005	0.000	0.000	0.000	0.000	0.000	0.000	0.028
政府	0.000	0.436	0.013	0.009	0.003	0.001	0.113	0.104	0.000	0.000	0.014
住户	0.583	0.000	0.027	0.002	0.000	0.001	0.000	0.000	0.028	0.012	0.008
国外	0.029	0.000	0.000	0.949	0.000	0.000	0.000	0.000	0.000	0.000	0.022

表 5.7　　　　　　　　　　　2011 年部门总收入结构系数矩阵

机构部门	劳动者报酬	生产税净额	利息	红利	租金	其他财产收入	收入税	社会保险缴款	社会保险福利	社会补助	其他经常转移
非金融企业	0.000	0.000	0.036	0.031	0.000	0.000	0.000	0.000	0.000	0.000	0.004
金融机构	0.000	0.000	0.524	0.009	0.000	0.000	0.000	0.000	0.000	0.000	0.052
政府	0.000	0.366	0.014	0.017	0.014	0.006	0.136	0.144	0.000	0.000	0.016
住户	0.558	0.000	0.032	0.003	0.000	0.005	0.000	0.000	0.044	0.022	0.013
国外	0.009	0.000	0.000	0.829	0.000	0.000	0.000	0.000	0.000	0.000	0.162

　　在利用部门总收入结构系数对部门交易结构进行分析的时候，我们以政府部门为例进行说明。通过对 2001 年和 2011 年的部门总收入结构系数矩阵的观察，可见 2001 年和 2011 年政府部门的总收入结构系数向量分别为：

　　2001 年：（0　0.436　0.013　0.009　0.003　0.001　0.113　0.104　0　0　0.014）

　　2011 年：（0　0.366　0.014　0.017　0.014　0.006　0.136　0.144　0　0　0.016）

　　从政府部门的总收入结构系数向量可见，在收入分配过程中，政府收入分配获得项目有生产税净额、利息、红利、租金、其他财产收入、收入税、社会保险缴款、其他经常转移，且生产税净额的收入结构系数比较大，其次为收入税。2001 年政府部门的生产税净额总收入结构系数为 0.436，即政府部门的生产税净额获得占政府部门总收入的 43.6%；到 2011 年政府部门的生产税净额总收入结构系数为 0.366，存在显著的下降。政府生产税净额对政府总收入贡献减小，但其对政府总收入的贡献依然占据重要的地位，这是政府为减小企业税收负担所做的努力的体现。2001 年政府部门的收入税总收入结构系数为 0.113，到 2011 年为 0.136。这也正符合政府收入的主要来源是税收的事实，即生产税净额和收入税。2001 年政府社会保险缴款的总收入结构系数为 0.104，2011 年为 0.144，与收入税所占的比重差不多，说明住户向政府支付的社会保险缴款在政府总收入中的作用还是比较显著的。通过政府部门的总收入结构系数向量，可知利息、红利、租金、其他财产收入、其他经常转移的收入分配获得对政府总收入的贡献比较小，这与政府部门作为国家政策部门和服务部门的特殊性质有关。

（4）部门分配收入结构系数矩阵分析。利用国民收入核算矩阵"S－BY－T"表的收入表，可以计算出部门分配收入结构系数矩阵，并从部门的角度，也就是行的角度对各部门收入分配过程中的收入项目的比重进行分析。利用 2011 年的部门分配收入结构系数矩阵可以分析部门分配收入结构现状，利用不同年份部门分配收入结构系数矩阵的对比分析，可以研究部门分配收入结构的动态变化情况和发展趋势。表 5.8 和表 5.9 给出了 2001 年和 2011 年的部门分配收入结构系数矩阵。

表 5.8　　　　　　　　2001 年部门分配收入结构系数矩阵

机构部门	劳动者报酬	生产税净额	利息	红利	租金	其他财产收入	收入税	社会保险缴款	社会保险福利	社会补助	其他经常转移
非金融企业	0.000	0.000	0.613	0.267	0.000	0.008	0.000	0.000	0.000	0.000	0.111
金融机构	0.000	0.000	0.942	0.010	0.000	0.000	0.000	0.000	0.000	0.000	0.049
政府	0.000	0.630	0.018	0.013	0.005	0.001	0.163	0.151	0.000	0.000	0.020
住户	0.883	0.000	0.041	0.003	0.000	0.001	0.000	0.000	0.042	0.018	0.012
国外	0.029	0.000	0.000	0.949	0.000	0.000	0.000	0.000	0.000	0.000	0.022

表 5.9　　　　　　　　2011 年部门分配收入结构系数矩阵

机构部门	劳动者报酬	生产税净额	利息	红利	租金	其他财产收入	收入税	社会保险缴款	社会保险福利	社会补助	其他经常转移
非金融企业	0.000	0.000	0.507	0.428	0.000	0.004	0.000	0.000	0.000	0.000	0.062
金融机构	0.000	0.000	0.895	0.016	0.000	0.000	0.000	0.000	0.000	0.000	0.089
政府	0.000	0.513	0.019	0.023	0.020	0.009	0.191	0.202	0.000	0.000	0.023
住户	0.823	0.000	0.047	0.004	0.000	0.008	0.000	0.000	0.065	0.033	0.020
国外	0.009	0.000	0.000	0.829	0.000	0.000	0.000	0.000	0.000	0.000	0.162

在利用部门分配收入结构系数矩阵对收入分配过程中的部门交易结构进行分析的时候，我们以住户部门为例进行说明。通过 2001 年和 2011 年的部门分配收入结构系数矩阵的观察，可见 2001 年和 2011 年住户部门的收入结构系数向量分别为：

2001 年：（0.883　0　0.041　0.003　0　0.001　0　0　0.042　0.018　0.012）

2011 年：（0.823　0　0.047　0.004　0　0.008　0　0　0.065　0.033　0.02）

从住户部门的分配收入结构系数向量可见，住户部门分配收入项目有劳动报酬、利息、红利、其他财产收入、社会保险福利、社会补助、其他经常转移。且在收入分配过程中，住户部门劳动报酬获得占住户分配收入获得的比重最大，达到80%以上，但 2001～2011 年这段时间，这一比重呈现明显的下降趋势，2001 年为 0.883，到 2011 年下降为 0.823，降低了 6 个百分点。相反，住户部门的其他收入项目获得均呈现不同程度的上升趋势。这说明随着社会的进步以及经济发展水平的提高和发展，住户部门分配收入获得方式呈现多元化的形式，而且除劳动报酬外的分配收入获得呈现增长的趋势。

5.2.2　基于"S – BY – T"的支出矩阵表流量与系数分析

1. 分析方法和思路

国民收入核算矩阵"部门 × 收入"支出矩阵表反映各机构部门分配收

入支出的情况，支出表包含可支配收入、初次分配支出与再分配支出两部分，行表示各分配收入支出项目的部门构成，列表示各机构部门分配收入支出的多少。在国民收入核算矩阵"部门×收入"支出矩阵表的基础上可以进行部门间支出流量规模的分析；也可以计算得到部门支出市场份额矩阵、部门总支出结构系数矩阵、部门分配支出结构系数矩阵，以反映各机构部门支出机构及各支出项目的部门结构；还可以进行可支配收入、初次分配支出及再分配支出相互关系的分析。

（1）支出流量分析。国民收入核算矩阵"S–BY–T"矩阵的支出流量表符号如表5.10所示。

表5.10　　　　　　　　　　支出流量表符号表

	机构部门
机构部门	
分配支出	AS
可支配收入	Z
总支出	G

表中 AS 是一个部门初次分配支出与再分配支出流量表，依据 AS 可以分析每个部门和经济总体的各种支出流量大小。

（2）部门分配支出结构系数矩阵。部门分配收入结构系数矩阵用 $B^{\#}$ 表示，$b_{ij}^{\#}$ 表示 j 部门的第 i 项交易支出占 j 部门总分配支出的比重。利用国民收入核算"S–BY–T"矩阵的符号表，给出部门分配支出结构系数的公式如下：

$$b_{ij}^{\#} = as_{ij}/\underline{as_j} \quad (i=1, 2, \cdots, m; j=1, 2, \cdots, n) \quad (5.7)$$

矩阵表达式为：

$$B^{\#} = (\hat{AS})^{-1} \cdot AS \quad (5.8)$$

（3）部门总支出结构系数。部门总支出结构系数矩阵用 B 表示，说明某个机构部门某种支出占该机构部门总支出的比重。部门支出结构系数用 b_{ij} 表示，指第 j 个部门中第 i 种支出占该机构部门总支出的比重。利用国民收入核算"S–BY–T"矩阵的符号表，给出部门总支出结构系数的公式如下：

$$b_{ij} = \frac{(as)_{ij}}{g_j} \quad (i=1, 2, \cdots, m; j=1, 2, \cdots, n)$$

矩阵形式为：

$$B = (AS) \cdot \hat{G}^{-1}$$

（4）部门支出市场份额。部门支出市场份额矩阵用 B^* 表示，说明某个机构部门的某种支出占整个国民经济中该种支出总额的比重。部门支出市场份额用 b_{ij}^* 表示，说明第 j 个部门中第 i 种支出占整个国民经济该种支出总额的比重。利用国民收入核算"S – BY – T"矩阵的符号表，给出部门支出市场份额的公式如下：

$$b_{ij}^* = \frac{(as)_{ij}}{\overline{as}_i} \quad (i = 1, 2, \cdots, m; j = 1, 2, \cdots, n) \tag{5.9}$$

矩阵形式为：

$$B^* = \hat{\overline{AS}}^{-1} \cdot (AS) \tag{5.10}$$

2. 分析实例

（1）总量分析。通过 2001 年和 2011 年国民收入核算矩阵支出表的观察和计算，可见 2001 年各机构部门财产支出向量为（6 313　4 824　962　1 024　753），各机构部门财产支出总额为 13 876 亿元；2011 年为（35 627　30 689　5 508　5 139　8 270），财产支出总额为 85 234 亿元。10 年来各机构部门财产支出的平均增长速度分别为 19.51%、21.62%、20.88%、19.23%、31.76%，增长速度非常之快，且国内增长速度最快的为金融机构部门。2001 年，各机构部门财产支出占总财产支出的比重分别为 45.5%、34.76%、6.93%、7.38%、5.42%；2011 年分别为 41.8%、36.01%、6.46%、6.03%、9.7%，非金融企业财产支出比重显著下降，金融机构、住户及国外的财产支出比重存在上升的趋势，政府财产支出比重变化不大。

各机构部门再分配支出矩阵由收入税、社会保险缴款、社会保险福利、社会补助、其他经常转移向量组成，各向量通过合并又可以构成各机构部门的经常转移支出向量。通过 2001 年和 2011 年国民收入核算矩阵支出表的观察和计算，可以得到 2001 年各机构部门收入分配中经常转移的支出向量为（2 602　526　4 251　4 058　755），各机构部门经常转移支出总量为 12 191 亿元；2011 年为（14 164　6 786　29 307　31 968　3 589），经常转移支出总量为 85 814 亿元。10 年来的平均增长速度分别为 18.98%、30.48%、21.38%、22.97%、18.38%，金融机构部门的经常转移支出增长速度最快。2001 年各机构部门经常转移支出占经常转移总支出的比重分别为 21.34%、4.32%、34.87%、33.28%、6.19%；2011 年分别为 16.51%、7.91%、34.15%、37.25%、4.18%，非金融企业和国外的经常转移支出比重显著下降，金融机构和住户的经常转移支出比重显著上升，政府的经常转移支出比重几乎保持不变。

通过对比"部门×收入"收入表和"收入×部门"支出表，我们可以了解各机构部门交易的收支情况，通过不同年份的"部门×收入"收入表和"收入×部门"支出表的对比，可以清楚各机构部门交易收支的动态变化情况。

各机构部门的初次分配收入扣除其初次分配支出，可得各机构部门的初次分配净收入。通过 2001 年和 2011 年国民收入核算矩阵收入表与支出表的计算，按表中顺序的各机构部门净财产收入向量可得，2001 年为（-3 810　558　-208　1 919　1 541）；2011 年为（-15 721　452　2 607　10 930　1 732）。通过 2001～2011 年各机构部门财产收入净额的分析，可见非金融企业始终是财产收入的净支出部门；住户始终是财产收入的净收入部门；而金融机构、政府、住户的净收支状态是不确定的。近 10 年，住户净财产收入分配获得的年平均增长速度为 20.09%；非金融企业净财产支出平均增长速度为 16.6%；住户财产收入净获得的步伐非常快，人们的投资意识越来越强。

各机构部门的再分配收入扣除再分配支出，可得各机构部门的经常转移净收入。通过 2001 年和 2011 年国民收入核算矩阵收入表与支出表（见表 5.11 和表 5.12）的计算，可得 2001 年各机构部门的净经常转移收入向量为（-2 290　-250　2 627　617　-703）；2011 年为（-12 850　-3 732　18 177　35　-1 632）。通过 2001～2011 年各机构部门净经常转移收入的比较，可见非金融企业和国外部门是经常转移净支出部门，且净支出额越来越大，近 10 年来两部门的净支出增长速度分别为 19.31%、13.11%；政府为经常转移净收入部门，净收入增长速度为 22.17%。除了 2004 年金融机构部门经常转移净收支方向发生突变，从 1992～2011 年的其他年份金融机构均为经常转移净支出部门；除了 2007 年住户部门经常转移净收支方向发生突变以外，从 1992～2011 年的其他年份住户部门均为经常转移净收入部门。

（2）部门支出市场份额矩阵分析。类似于利用部门收入市场份额对部门交易结构进行分析，利用部门支出市场份额对部门交易结构进行分析的时候，可以采用静态分析与动态分析相结合的方式。为分析部门支出市场份额的现状，可以根据近年来（2011 年）国民收入核算矩阵"S－BY－T"

表 5.11　　　　　　　　　**2001 年国民收入核算矩阵支出表**　　　　单位：亿元

机构部门		非金融企业	金融机构	政府	住户	国外	合计
初次分配支出	劳动者报酬	27 028	1 795	8 053	20 701	25	57 600
	生产税净额	10 236	1 612	121	999	0	12 968
	利息	3 393	4 773	922	1 002	0	10 090
	红利	2 831	0	0	0	753	3 584
	租金	89	0	0	4	0	93
	其他财产收入	0	50	40	19	0	109
再分配支出	收入税	2 175	193	0	995	0	3 363
	社会保险缴款	0	0	361	2 741	0	3 102
	社会保险福利	0	0	2 748	0	0	2 748
	社会补助	36	0	1 125	0	0	1 161
	其他经常转移	391	333	17	321	755	1 818
可支配收入	消费	—	—	17 498	49 436	—	66 934
	储蓄	19 327	1 254	- 1 174	22 429	884	42 721
总支出		65 506	10 011	29 710	98 647	2 416	206 291

表 5.12　　　　　　　　　**2011 年国民收入核算矩阵支出表**　　　　单位：亿元

机构部门		非金融企业	金融机构	政府	住户	国外	合计
初次分配支出	劳动者报酬	98 556	6 692	34 846	83 111	1 070	224 274
	生产税净额	48 859	2 534	589	6 471	—	58 453
	利息	18 577	27 642	5 077	5 102	—	56 399
	红利	13 804	1 343			8 270	23 417
	租金	2 215	—	—	37	—	2 252
	其他财产收入	1 031	1 704	430	—	—	3 166
再分配支出	收入税	11 509	4 359	—	5 917	—	21 786
	社会保险缴款	—	—	2 211	20 852	—	23 063
	社会保险福利	—	—	17 681	0	—	17 681
	社会补助	160	—	8 822	0	—	8 982
	其他经常转移	2 494	2 427	593	5 199	3 589	14 303
可支配收入	消费	—	—	63 616	164 946	—	228 562
	储蓄	97 693	11 639	25 982	109 870	- 865	244 320
总支出		294 899	58 341	159 848	401 505	12 064	294 899

表中的"收入×部门"支出表计算出的 2011 年部门支出市场份额矩阵，从交易的角度，也就是说从行的角度去剖析该矩阵中各系数的含义。为分析部门支出市场份额的动态变化关系，可以基于国民收入核算矩阵"S－BY－T"表计算出不同年份的部门支出市场份额矩阵，对比不同年份的部门支出市场份额矩阵。现基于 2001 年和 2011 年的国民收入核算矩阵"S－BY－T"表中"收入×部门"支出表计算出的 2001 年和 2011 年的部门支出市场份额矩阵对部门交易结构进行现状和动态变化的分析（见表 5.13 和表 5.14）。

表 5.13　　　　　　　　　2001 年部门支出市场份额矩阵

机构部门	非金融企业	金融机构	政府	住户	国外
劳动者报酬	0.469	0.031	0.140	0.359	0.000
生产税净额	0.789	0.124	0.009	0.077	0.000
利息	0.336	0.473	0.091	0.099	0.000
红利	0.790	0.000	0.000	0.000	0.210
租金	0.960	0.000	0.000	0.040	0.000
其他财产收入	0.000	0.462	0.363	0.175	
收入税	0.647	0.057	0.000	0.296	0.000
社会保险缴款	0.000	0.000	0.116	0.884	
社会保险福利	0.000	0.000	1.000	0.000	
社会补助	0.031	0.000	0.969	0.000	
其他经常转移	0.215	0.183	0.009	0.177	0.415

表 5.14　　　　　　　　　2011 年部门支出市场份额矩阵

机构部门	非金融企业	金融机构	政府	住户	国外
劳动者报酬	0.439	0.030	0.155	0.371	0.005
生产税净额	0.836	0.043	0.010	0.111	0.000
利息	0.329	0.490	0.090	0.090	0.000
红利	0.590	0.057	0.000	0.000	0.353
租金	0.983	0.000	0.000	0.017	0.000
其他财产收入	0.326	0.538	0.136	0.000	0.000
收入税	0.528	0.200	0.000	0.272	0.000
社会保险缴款	0.000	0.000	0.096	0.904	
社会保险福利	0.000	0.000	1.000	0.000	
社会补助	0.018	0.000	0.982	0.000	
其他经常转移	0.174	0.170	0.041	0.364	0.251

在利用部门支出市场份额矩阵对部门交易关系进行分析的时候，以利息为例进行说明。通过 2001 年和 2011 年部门支出市场份额矩阵的观察，可见 2001 年和 2011 年利息的部门支出市场份额向量分别为：

2001 年：(0.336　0.473　0.091　0.099　0)

2011 年：(0.329　0.49　0.09　0.09　0)

数据表明，在收入分配过程中，金融机构部门是利息支出最主要的部门，其次为非金融企业部门。2001 年金融机构部门的利息支出市场份额为 0.473，也就是说在收入分配过程中，金融机构部门的利息支出比重占整个社会利息支出比重的 47.3%。2011 年金融机构部门的利息支出市场份额为 0.49，近年来呈现一个上升的趋势。与金融机构部门相反，非金融企业部门的利息支出市场份额呈现下降的趋势，2001 年为 0.336，到 2011 年为 0.329。住户和政府的利息支出市场份额均比较低，2001 年和 2011 年分别为 0.099 和 0.091。作为增加值创造的主要部门——企业，它的利息支出也是最多的，约 80% 的利息支出均来自企业部门。

（3）部门总支出结构系数矩阵分析。类似于利用部门总收入结构矩阵对部门交易结构进行分析，在利用部门总支出结构矩阵对部门交易结构进行分析的时候，可以采用静态分析与动态分析相结合的方法。为分析部门总支出结构的现状，可以根据近年来（2011 年）国民收入核算矩阵"S－BY－T"表中的"收入×部门"支出表计算出近年来（2011 年）的部门总支出结构系数矩阵，并从部门的角度，也就是说从列的角度去剖析该矩阵中各系数的含义。为分析部门总支出结构的动态变化关系，可以基于国民收入核算矩阵"S－BY－T"表计算出不同年份的部门总支出结构系数矩阵，对比不同年份的部门总支出结构系数矩阵。现基于 2001 年和 2011 年国民收入核算矩阵"S－BY－T"表中"收入×部门"支出表计算出 2001 年和 2011 年的部门总支出结构系数矩阵（见表 5.15 和表 5.16），并对 2001 年和 2011 年的部门总支出结构系数矩阵进行对比分析，以查明部门总支出结构的变化情况。

表 5.15　　　　　　　　　　2001 年部门总支出结构系数矩阵

机构部门	非金融企业	金融机构	政府	住户	国外
劳动者报酬	0.413	0.179	0.271	0.210	0.010
生产税净额	0.156	0.161	0.004	0.010	0.000
利息	0.052	0.477	0.031	0.010	0.000

机构部门	非金融企业	金融机构	政府	住户	国外
红利	0.043	0.000	0.000	0.000	0.311
租金	0.001	0.000	0.000	0.000	0.000
其他财产收入	0.000	0.005	0.001	0.000	0.000
收入税	0.033	0.019	0.000	0.010	0.000
社会保险缴款	0.000	0.000	0.012	0.028	0.000
社会保险福利	0.000	0.000	0.092	0.000	0.000
社会补助	0.001	0.000	0.038	0.000	0.000
其他经常转移	0.006	0.033	0.001	0.003	0.313

表 5.16   **2011 年部门总支出结构系数矩阵**

机构部门	非金融企业	金融机构	政府	住户	国外
劳动者报酬	0.334	0.115	0.218	0.207	0.089
生产税净额	0.166	0.043	0.004	0.016	0.000
利息	0.063	0.474	0.032	0.013	0.000
红利	0.047	0.023	0.000	0.000	0.685
租金	0.008	0.000	0.000	0.000	0.000
其他财产收入	0.003	0.029	0.003	0.000	0.000
收入税	0.039	0.075	0.000	0.015	0.000
社会保险缴款	0.000	0.000	0.014	0.052	0.000
社会保险福利	0.000	0.000	0.111	0.000	0.000
社会补助	0.001	0.000	0.055	0.000	0.000
其他经常转移	0.008	0.042	0.004	0.013	0.298

在利用部门总支出结构系数矩阵对部门交易结构进行分析的时候，以政府部门为例进行说明。通过 2001 年和 2011 年部门总支出结构系数矩阵观察分析，得到 2001 年和 2011 年政府部门的部门总支出结构系数向量分别为：

2001 年：（0.271   0.004   0.031   0   0   0.001   0   0.012   0.092   0.038   0.001）′

2011 年：（0.218   0.004   0.032   0   0   0.003   0   0.014   0.111   0.055   0.004）′

从政府部门的总支出结构系数向量可见，2001 年政府部门的劳动者报酬的部门总支出结构系数为 0.217，也就是说政府部门劳动者报酬支出占政府总支出的 21.7%，到 2011 年政府部门的劳动者报酬的部门总支出结构系数为 0.218，政府劳动报酬支出占政府总支出的比重几乎保持不变。政府部门的利息、其他财产收入、社会保险缴款、社会保险福利、社会补助以及其他经常转移的部门总支出结构系数都比较小。总体来说，收入分配过程中政府的支出占政府总支出的比重还是比较小的，政府的主要支出来源于政府可支配收入的支出，即主要用于政府的消费和储蓄。在这样一个注重民生发展的大时代，政府应该加大收入分配过程中的支出在总支出中的比重，充分发挥政府的社会调节角色的作用，提高居民整体生活水平和生活质量。

（4）部门分配支出结构系数矩阵分析。利用国民收入核算矩阵"S－BY－T"表的支出表，可以计算部门分配支出结构系数矩阵，并从部门的角度，也就是列的角度对各部门收入分配过程中的支出项目的比重进行分析。利用 2011 年的部门分配支出结构系数矩阵可以分析部门分配支出结构现状，利用不同年份部门分配支出结构系数矩阵的对比分析，可以研究部门分配支出结构的动态变化情况和发展趋势。表 5.17 和表 5.18 给出了2001 年和 2011 年的部门分配支出结构系数矩阵。

表 5.17　　　　　　　　2001 年部门分配支出结构系数矩阵

机构部门	非金融企业	金融机构	政府	住户	国外
劳动者报酬	0.585	0.205	0.602	0.773	0.016
生产税净额	0.222	0.184	0.009	0.037	0.000
利息	0.073	0.545	0.069	0.037	0.000
红利	0.061	0.000	0.000	0.000	0.491
租金	0.002	0.000	0.000	0.000	0.000
其他财产收入	0.000	0.006	0.003	0.001	0.000
收入税	0.047	0.022	0.000	0.037	0.000
社会保险缴款	0.000	0.000	0.027	0.102	0.000
社会保险福利	0.000	0.000	0.205	0.000	0.000
社会补助	0.001	0.000	0.084	0.000	0.000
其他经常转移	0.008	0.038	0.001	0.012	0.493

表 5.18　　　　　　　　2011 年部门分配支出结构系数矩阵

机构部门	非金融企业	金融机构	政府	住户	国外
劳动者报酬	0.500	0.143	0.496	0.656	0.083
生产税净额	0.248	0.054	0.008	0.051	0.000
利息	0.094	0.592	0.072	0.040	0.000
红利	0.070	0.029	0.000	0.000	0.640

机构部门	非金融企业	金融机构	政府	住户	国外
租金	0.011	0.000	0.000	0.000	0.000
其他财产收入	0.005	0.036	0.006	0.000	0.000
收入税	0.058	0.093	0.000	0.047	0.000
社会保险缴款	0.000	0.000	0.031	0.165	0.000
社会保险福利	0.000	0.000	0.252	0.000	0.000
社会补助	0.001	0.000	0.126	0.000	0.000
其他经常转移	0.013	0.052	0.008	0.041	0.278

在利用部门分配支出结构系数矩阵对收入分配过程中的部门交易结构进行分析的时候，我们以住户部门为例进行说明。通过 2001 年和 2011 年的部门分配支出结构系数矩阵的观察分析，可见 2001 年和 2011 年住户部门的支出结构系数向量分别为：

2001 年：（0.773　0.037　0.037　0　0　0.001　0.037　0.102　0　0　0.012）′

2011 年：（0.656　0.051　0.04　0　0　0　0.047　0.165　0　0　0.041）′

从住户部门的分配支出结构系数向量可见，住户部门分配支出项目有劳动报酬、生产税净额、利息、其他财产收入、收入税、社会保险缴款、其他经常转移。在收入分配过程中，住户部门劳动报酬支出占住户分配收入支付的比重最大，约为 70% 左右，但 2001～2011 年这段时间，这一比重呈现明显的下降趋势，2001 年为 0.773，到 2011 年下降为 0.656，降低了将近 12 个百分点。相反，住户部门的其他收入项目（除其他财产收入）支付均呈现不同程度的上升趋势。

5.3　国民收入核算矩阵独立子矩阵分析

5.3.1　机构部门增加值矩阵分析

1. 分析方法和思路

在国民收入核算矩阵中，机构部门增加值矩阵 JN 是一个"部门×交易"矩阵，由于此处增加值交易分类为劳动者报酬、生产税净额、总营业盈余，部门分类为非金融企业、金融机构、政府、住户，所以，增加值矩阵是一个"4×3"的矩阵。行表示各机构部门的增加值交易分类构成，列表示各交易的机构部门构成，矩阵内各元素的总和是增加值。机构部门增加值矩阵的主要功能是据此分析全社会的增加值总规模和结构，其流量表明增加值是由机构部门的哪些交易项目组成的，或者说是由交易项目的哪些机构部门组成的。

在机构部门增加值矩阵 JN 的基础上可以计算两个系数矩阵：一是增加值部门的交易结构系数矩阵，说明各部门的增加值交易项目比例；二是增加值交易的部门结构系数矩阵，说明增加值每种交易项目在各部门之间的比例。计算公式为：

增加值部门的交易结构系数：

$$h_{ij} = \frac{(jn)_{ij}}{jn_i} \quad (i=1,2,3,4; j=1,2,3) \tag{5.11}$$

用矩阵形式可表达为：

$$H = (\hat{JN})^{-1} \cdot JN \tag{5.12}$$

增加值交易的部门结构系数：

$$h_{ij}^* = \frac{(jn)_{ij}}{jn_j} \quad (i=1,2,3,4; j=1,2,3) \tag{5.13}$$

用矩阵形式可表达为：

$$H = JN \cdot (\hat{JN})^{-1} \tag{5.14}$$

某一具体年份的增加值部门的交易结构系数矩阵可以反映各部门当年的交易构成情况，通过不同年份的增加值部门的交易结构系数矩阵的对比，可以反映各机构部门交易构成的变化情况和变化趋势；某一年份的增加值交易的部门结构系数矩阵可以反映各交易项目当年的部门构成情况，通过不同年份的增加值交易的部门结构系数矩阵对比，可以反映各交易项目的部门构成变化情况和变化趋势。这有助于国家政府部门对宏观经济的较好把握，有利于国家制定有利于经济良好发展的举措。

2. 分析实例

在对增加值矩阵进行分析的时候，可以利用增加值矩阵流量进行总量分析，也可以利用增加值矩阵的两个系数进行增加值部门结构分析。表5.19 和表5.20 给出了2001 年和2011 年增加值矩阵。

表5.19　　　　　　　　　　　　2001 年增加值矩阵　　　　　　　　　单位：亿元

机构部门	劳动者报酬	生产税净额	营业盈余	合计
非金融企业	27 028	10 236	25 428	62 692
金融机构	1 795	1 612	947	4 354
政府	8 053	121	937	9 111
住户	20 701	999	11 800	33 500
合计	57 576	12 968	39 111	109 655

表5.20　　　　　　　　　　　　2011 年增加值矩阵　　　　　　　　　单位：亿元

机构部门	劳动者报酬	生产税净额	总营业盈余	合计
非金融企业	98 556	48 859	126 264	273 678
金融机构	6 692	2 534	14 919	24 145
政府	34 846	589	10 362	45 796
住户	83 111	6 471	39 680	129 262
合计	223 204	58 453	191 225	472 882

（1）增加值总量分析。从2001 年和2011 年国民收入核算矩阵收入表中增加值矩阵的观察和计算，可以得知2001 年国内各机构部门的劳动者报酬向量为（27 028　1 795　8 053　20 701）′，劳动报酬总量为57 576 亿元；2011 年国内各机构部门的劳动者报酬向量为（98 556　6 692　34 846　83 111）′，劳动者报酬总量为223 204 亿元，近10 年来劳动者报酬的平均增加速度为14.54%。2001 年国内各机构部门的生产税净额向量为（10 236　1 612　121　999）′，生产税总额为12 968 亿元；2011 年国内各机构部门的生产税净额向量为（48 859　2 534　589　6 471）′，生产税总额为58 453 亿元，近10 年来平均增长速度为16.37%。2001 年国内各机构部门的增加值向量为（62 692　4 354　9 111　33 500）′，国内增加值总量为109 655 亿元；按表中各机构部门的顺序计算出各机构部门增加值占总增加值的比重分别为57.17%、3.97%、8.31%、30.55%，非金融企业创造的增加值最多；2011 年国内各机构部门的增加值向量为（273 678　24 145　45 796　129 262）′，国内增加值总量为472 882 亿元，近10 年来国内增加值的平均增长速度为将近16%。各机构部门增加值占总增加值的比重分别为57.87%、5.11%、9.68%、27.33%。可见，近10 年来，国内各机构部门增加值构成比例相对来说比较稳定。

改革开放以来，国内经济与居民收入呈现快速增长的态势，居民生活水平有了显著的提高。2011 年增加值总量是 1992 年的 17.75 倍，为 472 882 亿元，19 年来年平均增长速度为 16.60%；劳动报酬是 1992 年的 13.99 倍，为 223 204 亿元，年平均增长速度为 15.11%；生产税净额是 1992 年的 16.72 倍，为 58 453 亿元，年平均增长速度为 16.53%。可见，国内经济与居民收入呈现快速增长的态势，居民生活水平有了显著的提高。增加值构成中，劳动者报酬占绝对比重，但劳动者报酬的平均增长速度低于增加值平均增长速度 1.5% 左右，生产税净额平均增长速度快于增加值增长速度 0.37%，劳动报酬的增长速度始终低于经济增长速度，不能与经济增长速度保持一致。

（2）增加值部门的交易结构分析。表 5.21 和表 5.22 为 2001 年和 2011 年增加值部门的交易结构系数矩阵，也就是各部门的劳动者报酬、生产税净额、总营业盈余在各自部门增加值中所占的比例。以住户部门为例，利用增加值部门的交易结构系数对增加值结构进行分析。住户部门增加值构成中，劳动者报酬所占的比重最多，2001 年为 61.79%，2011 年呈现上升的趋势，为 64.3%；其次为总营业盈余，2001 年住户部门总营业盈余占住户部门增加值的比重为 35.22%，2011 年为 30.7%，呈现显著的下降趋势；2011 年生产税净额构成比例虽然较 2001 年有稍许的增长趋势，但所占比例依然很低，2001 年为 2.98%，2011 年为 5.01%。住户部门为社会提供劳动，并按照付出的劳动获取相应的劳动者报酬，住户部门劳动者报酬占增加值的比重自然就多。

表 5.21   2001 年增加值部门的交易结构系数矩阵

机构部门	劳动报酬	生产税净额	总营业盈余
非金融企业	0.4311	0.1633	0.4056
金融机构	0.4123	0.3703	0.2175
政府	0.8839	0.0133	0.1029
住户	0.6179	0.0298	0.3522

表 5.22   2011 年增加值部门的交易结构系数矩阵

机构部门	劳动报酬	生产税净额	总营业盈余
非金融企业	0.3601	0.1785	0.4614
金融机构	0.2771	0.1050	0.6179
政府	0.7609	0.0129	0.2263
住户	0.6430	0.0501	0.3070

（3）增加值交易的部门结构分析。表 5.23 和表 5.24 是 2001 年和 2011 年增加值交易的部门结构系数矩阵，也就是增加值构成项目劳动者报酬、生产税净额、总营业盈余在各部门所占的比重。以劳动者报酬为例，利用增加值交易的部门结构系数进行增加值结构的分析。2001 年劳动者报酬的部门构成中，非金融企业所占的比重最多，为 46.94%；其次为住户部门，所占的比重为 35.95%；政府部门所占的比重为 13.99%；金融机构所占的比重仅为 3.12%。2011 年劳动者报酬构成中，非金融企业和金融机构的劳动报酬构成比例下降，分别为 44.16% 和 3%，政府和住户部门的劳动者报酬构成比例呈现上升的趋势，分别为 15.61% 和 37.24%。由此可见，近年来，全社会劳动者报酬部门构成中，住户和政府部门所占的比重显著上升，非金融企业和金融机构部门所占的比重显著下降。

表 5.23　　　　　　　　2001 年增加值交易的部门结构系数矩阵

机构部门	劳动报酬	生产税净额	总营业盈余
非金融企业	0.4694	0.7893	0.6501
金融机构	0.0312	0.1243	0.0242
政府	0.1399	0.0093	0.0240
住户	0.3595	0.0771	0.3017

表 5.24　　　　　　　　2011 年增加值交易的部门结构系数矩阵

机构部门	劳动报酬	生产税净额	总营业盈余
非金融企业	0.4416	0.8359	0.6603
金融机构	0.0300	0.0434	0.0780
政府	0.1561	0.0101	0.0542
住户	0.3724	0.1107	0.2075

5.3.2　机构部门可支配收入使用矩阵分析

1. 分析方法和思路

在国民收入核算矩阵中，可支配收入使用矩阵包括消费与储蓄两部分，是一个 "4×5" 的矩阵。消费部分的主要功能是据此分析机构部门的消费规模和结构情况，其流量表示各机构部门的消费支出大小。企业是没有消费的，只有政府和住户才有消费支出，所以，消费支出只包括农村居民消费支出、城镇居民消费支出和政府消费支出。机构部门储蓄主要功能是可以据此分析机构部门的储蓄规模和结构情况，其流量表示各机构部门储蓄的大小。如果不包含国外部门，矩阵内各元素的总和是国内总储蓄；如果包含国外部门，矩阵内各元素的总和是国内总储蓄与国外分配收支交易差的和。在分析的时候，一般情况下研究对象通常是国内各部门储蓄和国内总储蓄情况。根据可支配收入矩阵中各机构部门储蓄情况，可以计算出国内各机构部门储蓄占总储蓄的比重，以此反映国内各机构部门的储蓄构成情况。

可支配总收入用于最终消费之后的剩余部分即为总储蓄，总储蓄是国内各机构部门非金融投资的主要资金来源。储蓄率又称平均储蓄倾向，是指总储蓄占可支配总收入的比重。政府部门储蓄率等于政府部门总储蓄与其可支配总收入之比；住户部门储蓄率等于住户部门总储蓄与其可支配收入之比；非金融企业和金融机构部门的总储蓄与其可支配总收入相等，因此其储蓄率等于1；经济总体储蓄率，即国民储蓄率，等于国民总储蓄与国民可支配总收入之比。通过可支配收入使用矩阵，一方面可以分析全社会以及各机构部门可支配总收入用于储蓄与自身投资使用的比例关系；另一方面可以掌握全社会以及各机构部门投资资金的保证程度。

因此，基于可支配收入矩阵，可以计算各部门消费比重、国内各部门储蓄比重、部门储蓄率等系数。表 5. 25 为可支配收入矩阵符号表。

表 5. 25   可支配收入矩阵符号表

机构部门	国内机构部门	国外机构部门	合计
消费	C		$\overline{C}$
储蓄	S	RY	$\overline{SS}$
可支配收入	$\overline{Z}$	$\overline{RY}$	

令 $\dot{C}$ 表示国内总消费，$\dot{S}$ 表示国内总储蓄。

各部门消费比重，表示农村居民消费、城镇居民消费、政府消费占消费总额的比重。各部门消费比重用字母 $(bc)_i$ 表示，则计算公式为：

$$(bc)_i = \frac{c_i}{\dot{C}} \quad (i = 1, 2, 3) \tag{5.15}$$

国内各部门储蓄比重，表示国内各机构部门储蓄占国内总储蓄的比重。国内各部门储蓄比重用字母 $(bs)_j$ 表示，则计算公式为：

$$(bs)_j = \frac{s_j}{\dot{S}} \qquad (j = 1, 2, 3, 4) \tag{5.16}$$

国内部门储蓄率，表示国内各机构部门储蓄占该部门可支配收入的比重。国内部门储蓄率用字母 $(ls)_j$ 表示，则计算公式为：

$$(ls)_j = \frac{s_j}{z_j} \qquad (j = 1, 2, 3, 4) \tag{5.17}$$

2. 分析实例

（1）消费与储蓄总量与结构分析。通过 2001 年和 2011 年可支配收入使用矩阵（见表 5.26 和表 5.27）消费数据的观察和分析，可见 2001 年国内各机构部门消费总量为 66 934 亿元，政府消费比重为 26.14%，居民消费比重为 73.86%；2011 年国内各机构部门消费总量为 228 561 亿元，政府消费比重为 27.83%，住户消费比重为 72.17%。近 10 年来全国消费的平均增长速度为 13.12%，国内消费总量快速增长。且近年来，政府消费比重有上升趋势，居民消费比重有下降趋势。

表 5.26　　　　　　　　　2001 年可支配收入使用矩阵　　　　　　　单位：亿元

机构部门	非金融企业	金融机构	政府	住户	国外	合计
农村居民消费	—	—	—	15 791	—	15 791
城镇居民消费	—	—	—	33 645	—	33 645
政府消费	—	—	17 498	—	—	17 498
储蓄	19 327	1 254	− 1 174	22 429	884	42 721
合计	19 327	1 254	16 324	71 865	884	109 655

表 5.27　　　　　　　　　2011 年可支配收入使用矩阵　　　　　　　单位：亿元

机构部门	非金融企业	金融机构	政府	住户	国外	合计
农村居民消费	—	—	—	37 395	—	37 395
城镇居民消费	—	—	—	127 551	—	127 551
政府消费	—	—	63 616	—	—	63 616
储蓄	97 693	11 639	25 982	109 870	− 865	244 320
合计	97 693	11 639	89 598	274 816	− 865	472 882

通过 2001 年和 2011 年可支配收入矩阵储蓄数据的观察和分析，可知 2001 年国内各机构部门储蓄向量为（19 327　1 254　－1 174　22 429），国内储蓄总量为 41 837 亿元；2011 年国内各机构部门储蓄向量为（97 693　294 899　58 341　159 848），国内储蓄总量为 245 185 亿元。10 年内国内储蓄平均增长速度为 19.53%，国内储蓄增长迅速，且国内储蓄平均增长速度远远快于国内消费的增长速度，反映了近年来国民经济的高速发展。

由各机构部门的消费向量和储蓄向量，可以得到它们的可支配收入向量。2001 年国内各机构部门可支配收入向量为（19 327　1 254　16 324　71 865），可支配收入总量为 108 771 亿元；2011 年国内各机构部门可支配收入向量为（97 693　11 639　89 598　274 816），可支配收入总量为 473 747 亿元。近 10 年来，全国可支配收入的平均增速速度为 15.93%，且消费的平均增长速度慢于可支配收入的增长速度，储蓄的平均增长速度快于可支配收入的增长速度。

国内可支配收入和增加值增长速度几乎保持一致。从 1992～2011 年，国内可支配收入年平均增长速度为 16.59%，到 2011 年，国内可支配收入为 473 747 亿元。但住户部门可支配收入增长速度低于国内可支配收入增长速度，年平均增长率为 15.67%，2011 年住户部门可支配收入为 295 825 亿元。可见，从增加值交易构成来看，19 年来劳动报酬增长速度低于经济增长速度；从可支配收入部门构成来看，19 年来住户部门可支配收入增长速度低于全国可支配收入增长速度，居民收入水平未能保持与经济同步增长。

（2）消费与储蓄关系分析。由数据计算可知，2001 年政府部门的储蓄率为负值，说明这段时间政府部门的可支配收入不足以满足本部门消费，还需要从其他部门借贷来实现。随着政府储蓄的增长，到 2011 年政府的储蓄率达到 29%，即政府部门可支配收入中被结余下来的达 29% 之多。2001 年住户部门的储蓄率为 31.21%，到 2011 年达到 39.98%，呈现明显的上升趋势，住户可支配收入用于消费之后有越来越多的剩余资金用于储蓄，人民生活水平得到了显著提高。政府部门和住户部门被结余下来的收入可用于投资。全国储蓄率 2001 年为 38.46%，到 2011 年为 51.75%，呈现一个明显的上升趋势。2010 年，OECD 成员国年储蓄率平均值为 6.1%，其中美国、韩国、日本、澳大利亚、捷克、丹麦的储蓄率更低至 5.7%、2.8%、2.7%、2.2%、1.3%、1.2%。与国外相比，我国消费率偏低，而储蓄率偏高，造成这种情况的影响因素是多方面的，如中国人传统的勤俭节约的消费习惯，以及居民对子女教育和社会保障等预防性储蓄的偏好等。

5.4 基于国民收入核算矩阵的"部门×部门"收入分配关系分析

5.4.1 分析方法与思路

基于国民收入核算矩阵"S－BY－S"表，可以进行多方面的部门间收入分配关系分析。对国民收入核算矩阵"S－BY－S"表进行流量和系数分析的内容主要体现在以下几个方面：第一，可以对各部门间流量流向的地位进行排序，以了解各部门在国民收入分配过程的地位及变化趋势；第二，可以了解各机构部门的收入净流入与净流出情况，以反映各机构部门之间的流向关系；第三，可以进行国内外收入与支出关系分析，了解国内与国外的依存关系。

根据国民收入核算"S－BY－S"矩阵中存在的平衡关系，可以利用"S－BY－S"简化符号表（见表5.28）推算出两组部门系数矩阵，进行部门间收入分配关系的系数分析。

表5.28　　　　国民收入核算矩阵"S－BY－S"表（简化表）

	机构部门	机构部门行合计	增加值	总收入
机构部门	$W(w_{ij})$	$\overline{W}(\overline{w_i})$	$Y(y_i)$	$G'(g_i)$
机构部门列合计	$\underline{W}(\underline{w_j})$			
可支配收入	$Z(z_j)$			
总支出	$G(g_j)$			

1. 部门直接收入系数矩阵

部门直接收入系数是从"S－BY－S"表行的角度，分析一个机构部门单位总收入中从其他机构部门获得的收入数量。用 β_{ij} 表示，说明部门 i 单位总收入中第 j 部门提供的收入数量。由部门直接收入系数组成的矩阵就称为部门直接收入系数矩阵。

$$\beta_{ij} = \frac{w_{ij}}{g_i} \quad (i = 1, 2, \cdots, n; j = 1, 2, \cdots, m) \quad (5.18)$$

2. 部门直接支出系数矩阵

部门直接支出系数是从 "S – BY – S" 表列的角度，分析一个机构部门单位总支出中支付给其他部门的支出数量。用 γ_{ij} 表示，说明部门 j 单位总支出中支付给第 i 部门的数量。由部门直接支出系数组成的矩阵就称为部门直接支出系数矩阵。

$$\gamma_{ij} = \frac{w_{ij}}{g_j} \quad (i = 1, 2, \cdots, n; j = 1, 2, \cdots, m) \quad (5.19)$$

3. 部门分配收入系数矩阵

部门分配收入系数是从 "S – BY – S" 表行的角度，分析一个机构部门从另一个机构部门获得分配收入占该机构部门获得所有的分配收入的比重，它又可细分为部门初次分配收入系数和部门再分配收入系数。用 β_{it}^* 表示，说明第 i 部门从第 j 部门获得的分配收入占第 i 部门获得所有的分配收入的比重。由部门分配收入系数组成的矩阵称为部门分配收入系数矩阵。

$$\beta_{ij}^* = \frac{w_{ij}}{w_i} \quad (i = 1, 2, \cdots, n; j = 1, 2, \cdots, m) \quad (5.20)$$

4. 部门分配支出系数矩阵

部门分配支出系数是从 "S – BY – S" 表列的角度，分析一个机构部门支付给另一个机构部门的分配支付占该机构部门支付给其他所有机构部门的分配支付的比重，它又可细分为部门分配支出系数和部门再分配支出系数。用 γ_{ij}^* 表示，说明第 j 部门支付给从第 i 部门的分配支付占第 j 部门支付给其他所有机构部门的分配支付的比重。由部门分配支出系数组成的矩阵就称为部门分配支出系数矩阵。

$$\gamma_{ij}^* = \frac{w_{ij}}{w_j} \quad (i = 1, 2, \cdots, n; j = 1, 2, \cdots, m) \quad (5.21)$$

5.4.2 基于 "S – BY – S" 矩阵表的流量分析

1. 部门初次分配和再分配地位分析

在整个部门间收入分配过程中，部门间初次收入分配占有绝对重要的地位和作用，而部门间收入再分配的地位和作用并不那么显著。从 1992 ~

2011 年，虽然部门间收入分配总流量、部门间收入初次分配流量、部门间收入再分配流量的总额均呈现显著的上升趋势，但部门间再分配流量的增长速度为 18.44%，大于部门间收入分配总流量的增长速度 14.03%，大于部门间收入初次分配流量的增长速度 13.22%。

1995 年，部门间收入分配总流量为 58 212 亿元，部门间收入初次分配总流量为 52 825 亿元，占部门间收入分配总流量的 90.75%；而部门间收入再分配总流量只有 5 387 亿元，仅占部门间收入分配总流量的 9.25%；2005 年，部门间收入分配总流量为 168 465 亿元，部门间收入初次分配总流量为 141 812 亿元，占部门间收入分配总流量的 84.18%；而部门间收入再分配总流量只有 26 653 亿元，仅占部门间收入分配总流量的 15.82%；到 2011 年，部门间收入分配总流量为 296 396 亿元，部门间收入初次分配总流量为 219 135 亿元，占部门间收入分配总流量的 73.93%；而部门间收入再分配总流量只有 77 260 亿元，占部门间收入分配总流量的 26.07%。所以整体上来说，部门初次分配在收入分配中占据主导地位，但部门间收入再分配流量占部门收入分配总流量的比重是呈现明显的上升趋势的。也就是说，部门间收入再分配在部门收入分配中所起到的作用是日渐增强的，这说明了我国经济水平从根本上有了很大程度上的提高，人民生活保障水平得到了很大的改善，同时这也体现了我国收入分配体制的一个转变过程，这也是为改变收入分配格局，国家政策在收入再分配中作用的表现。

2. 国内与国外净流入与净流出格局的变化

国外由对国内分配的净收入转化为对国内分配的净支付，且对国内的净支付额越来越大。通过国民收入核算矩阵初次分配与再分配 "S – BY – T" 矩阵的分析可见，1992 ~ 2011 年国外对国内的再分配收支一直是净支付；国外对国内初次分配的净收支方向关系不确定。但自 2003 年起，国外由对国内分配的净收入转化为对国内分配的净支付，即国内可支配总收入开始大于 GDP（国内可支配总收入 = GDP + 国内从国外获得的净要素收入）。2011 年国外对国内初次分配的净收入为 767 亿元、国外对国内再分配的净支付为 1 632 亿元，2011 年国外对国内分配的净支付为 865 亿元。

国内部门间收入的净流入与净流出的基本格局未变。通过国民收入核算矩阵 "S – BY – S" 表的分析发现，无论是初次分配，还是再分配，1992 ~ 2011 年非金融企业和金融机构都是分配收入的净流出部门（金融机构部门再分配除 2004 年）；政府和住户均是分配收入的净流入部门（住户部门再分配除 2007 年)。非金融企业和金融机构作为收入分配净流出部门,政府和住户作为净流入部门的基本格局没有发生变化。

3. 各部门在收入分配中的地位和重要性分析

通过比较历年来(1992～2011 年)国内外五大机构部门的各部门间分配收入与支出流量占全社会流量的比重,可以发现各部门在收入分配中的地位和重要性发生阶段性的变化。这种阶段性的划分主要是以非金融企业部门与住户的支付地位为依据的,大致可以分为三个阶段:第一阶段为 1992～1997 年,这一阶段以非金融企业部门向住户部门的收入流量的支付最大,住户部门向住户部门的收入流量支付其次为特点;第二阶段为 1998～1999 年,住户向住户的收入流量支付为最大,其次为非金融企业向住户的支付;第三阶段为 2000～2011 年,此阶段非金融企业与住户部门的支付地位与第一阶段是一致的。

部门间收入分配的地位和重要性的变化还存在以下特点:一是政府和住户相互之间的收入流量支付在扩大。2011 年比 1995 年,政府向住户支付占总流量比重扩大了 4.42%,住户向政府的支付占总流量的比重扩大了 5.12%,政府在收入分配中的作用已经大大加强。二是住户内部收入流量支付占比大幅减少,从 1999 年的 28.4% 下降为 2011 年的 18.99%,下降了 9.41%。三是非金融企业部门向住户部门的收入支付大幅减少,从 1995 年的 29.49% 下降为 2011 年的 23.18%,下降了 6.31%。

表 5.29　　　　　　　　　部门间收入流向地位与比重　　　　　　单位:%

年份\指标\排序	1995		1998		2011	
	收入流向	占全部流量的比重	收入流向	占全部流量的比重	收入流向	占全部流量的比重
1	非金融企业向住户	29.49	住户向住户	27.29	非金融企业向住户	23.18
2	住户向住户	25.99	非金融企业向住户	23.88	住户向住户	18.99
3	非金融企业向政府	12.81	非金融企业向政府	14.68	非金融企业向政府	14.47
4	政府向住户	9.46	政府向住户	10.91	政府向住户	13.88
5	金融机构向住户	3.44	金融机构向住户	3.97	住户向政府	7.59

5.4.3 基于"S-BY-S"矩阵表的系数分析

1. 部门直接收入系数矩阵

部门直接收入系数表示某部门总收入由其他部门提供的收入比重,所有部门间的直接收入系数构成各部门的直接收入系数矩阵。因为部门直接收入系数矩阵是由部门流量矩阵比上各自对应的行和总收入,所以部门直接收入系数矩阵需要从行的角度去分析数据。表5.30和表5.31给出了2001年和2011年的部门直接收入系数矩阵,利用部门直接收入系数矩阵可以分析各部门之间直接收入关系的现状和动态变化关系。

表5.30   2001年部门直接收入系数矩阵

机构部门	非金融企业	金融机构	政府	住户	国外
非金融企业	0.0190	0.0135	0.0026	0.0035	0.0044
金融机构	0.1892	0.2568	0.0489	0.0577	0.0126
政府	0.4350	0.0696	0.0177	0.1634	0.0076
住户	0.2865	0.0327	0.1236	0.2138	0.0039
国外	0.7682	0.0049	0.0043	0.0143	0.2083

表5.31   2011年部门直接收入系数矩阵

机构部门	非金融企业	金融机构	政府	住户	国外
非金融企业	0.0310	0.0205	0.0035	0.0049	0.0120
金融机构	0.1874	0.2665	0.0494	0.0665	0.0164
政府	0.4108	0.0569	0.0203	0.2154	0.0100
住户	0.2620	0.0376	0.1569	0.2146	0.0070
国外	0.5208	0.0753	0.0081	0.0622	0.3335

在部门直接收入系数矩阵中,第一行非金融企业所对应的行向量为非金融企业部门直接收入系数向量,表示非金融企业部门总收入中由其他部门分别提供的分配收入比重,其他行依次类推。由表5.30和表5.31可见,2001年和2011年非金融企业部门直接收入系数向量分别为:

2001年:(0.0190   0.0135   0.0026   0.0035   0.0044)

2011年:(0.031   0.0205   0.0035   0.0049   0.012)

通过2001年和2011年非金融企业部门直接收入系数向量的观察可见，虽然非金融企业部门总收入中五大机构部门提供的分配收入所占的比重均呈现上升的趋势，但比重均较低，2011年五大机构部门提供给非金融企业部门的分配收入所占总收入的比重还不到10%，非金融企业部门总收入来自分配收入的数量较少，主要是来自于非金融企业部门自身的增加值。

通过2001年和2011年金融机构部门直接收入系数向量的观察发现，金融机构部门总收入构成中金融机构和非金融企业部门提供的分配收入所占比重比较大，2001年比重分别为25.68%和18.92%；2011年分别为26.65%、18.74%，近年来这两个部门提供的分配收入所占的比重几乎保持不变。其他三个部门提供给金融机构部门的分配收入占总收入的比重也呈现不同程度的上升趋势。2011年金融机构部门总收入中分配收入的构成比重达到58.61%。换言之，金融机构部门总收入构成中，增加值的比重开始下降，分配收入的比重开始上升，这是金融活动在全国开展日趋完善的结果。

通过2001年和2011年政府部门直接收入系数向量的观察发现，政府部门总收入构成中非金融企业部门提供的分配收入所占的比重较大，2001年比重为43.5%，2011年为41.08%，近10年来这一比重呈现下降的趋势。而且政府部门总收入中由五大机构部门提供的分配收入所占的比重在2011年超过70%，也就是说政府部门总收入中增加值所占比重约为30%。

通过2001年和2011年住户部门直接收入系数向量的观察发现，住户部门总收入中从非金融企业部门获得的比重呈现下降的趋势，从其他四个部门获得的比重呈现上升的趋势。且住户部门总收入中由五大机构部门提供的分配收入所占的比重达到了67.8%。住户总收入主要来源于分配收入获得，来自企业的分配收入比重下降，来自政府部门的分配收入比重上升。因此，在提高人民生活水平、缩小贫富差距方面，不光政府要做出努力，也应该引导企业朝着这个方向努力。应进一步加大住户总收入中从企业和政府的获得比例，这主要需要从企业对住户的劳动报酬支付和政府向住户的经常转移方面入手。

在研究国内经济的时候，国外部门是不创造增加值的，所以国外部门总收入完全由分配收入构成，且国外部门总收入构成中主要来自于非金融企业部门和国外部门的分配收入。国外部门总收入构成中除来自非金融企业部门呈现显著下降趋势外，来自其他部门的均呈现不同程度的上升趋势。

由上可见，金融机构、政府、住户、国外的总收入均主要来自于分配收入，只有非金融企业部门总收入主要来自于它的增加值，这一结论也正好与事实相符。

2. 部门直接支出系数矩阵

部门直接支出系数表示某部门总支出中支付给其他部门的比重，所有部门之间的直接支出系数构成部门直接支出系数矩阵。因部门直接支出系数矩阵是由部门流量矩阵比上各自的列和总支出，所以部门直接支出系数矩阵需要从列的角度去分析数据。表 5.32 和表 5.33 给出了 2001 年和 2011 年的部门直接支出系数矩阵，借此分析部门之间直接支出关系的现状以及动态变化关系。

表 5.32　　　　　　　　　2001 年部门直接支出系数矩阵

机构部门	非金融企业	金融机构	政府	住户	国外
非金融企业	0.0190	0.0884	0.0057	0.0023	0.1189
金融机构	0.0289	0.2568	0.0165	0.0059	0.0522
政府	0.1973	0.2067	0.0177	0.0492	0.0938
住户	0.4314	0.3217	0.4103	0.2138	0.1609
国外	0.0283	0.0012	0.0003	0.0004	0.2083

表 5.33　　　　　　　　　2011 年部门直接支出系数矩阵

机构部门	非金融企业	金融机构	政府	住户	国外
非金融企业	0.0310	0.1038	0.0065	0.0036	0.2930
金融机构	0.0371	0.2665	0.0180	0.0097	0.0795
政府	0.2227	0.1560	0.0203	0.0858	0.1332
住户	0.3567	0.2586	0.3941	0.2146	0.2325
国外	0.0213	0.0156	0.0006	0.0019	0.3335

在部门直接支出系数矩阵中，第一列非金融企业部门对应的列向量为非金融企业部门直接支出系数向量，表示非金融企业部门总支出中支出给其他部门的比重，其他列依次类推。

通过观察 2001 年和 2011 年非金融企业的部门直接支出系数向量，可见非金融企业部门总支出中支付给政府和住户部门的分配收入比重较大，其他机构部门从非金融企业部门获得的分配收入比重均较低。2001 年，非金融企业总支出中支付给住户部门的比重为 43.14%，2011 年下降为 35.67%，但非金融企业总支出中支付给政府部门的比重呈现上升的趋势，2001 年为 19.73%，2011 年为 22.27%。非金融企业部门总支出中支付给住户的比重下降，支付给政府的比重上升。

通过观察 2001 年和 2011 年金融机构的部门直接支出系数向量，可见金融机构部门总支出中支付给住户部门的比重最大，为 32.17%，但这一比重呈现下降的趋势，到 2011 年这一比重为 25.86%。金融机构部门总支出中支付给非金融企业和自身部门的比重都呈现上升的趋势，支付给政府和住户部门的比重都呈现明显的下降趋势。

通过观察 2001 年和 2011 年政府的部门直接支出系数向量，可见政府部门总支出中支付给住户部门的比重最高，但呈现下降的趋势，2001 年为 41.03%，2011 年为 39.41%。政府部门总支出中支付给其他机构部门的比例均较低。数据表明政府部门在调整收入分配过程中，为增加住户部门收入所做的努力，我国政策部门在调整收入分配过程中起到了至关重要的作用。

由上可见，国内各机构部门总支出中支付给住户的比例都较高，但企业部门总支出中向住户支付的比较呈现下降的趋势，这对于调整当前收入分配格局是不利的，有效地调整当前收入分配格局需要国内各机构部门加大对住户居民支出的比重，普遍提高居民收入水平才能从根本上解决收入分配问题。

3. 部门分配收入系数矩阵

部门分配收入系数是某部门从其他部门获得的分配收入占该部门获得的所有分配收入的比重，所有部门之间的部门分配收入系数构成了各部门的分配收入系数矩阵。利用上述给出的部门分配收入系数的公式，可以计算出不同部门之间的部门分配收入系数，得到各年份的部门分配收入系数矩阵，从而可以对部门间收入分配关系进行静态和动态的分析。需要指出的是，因为部门分配收入系数是由部门矩阵流量比上各自对应的部门收入行合计得到的，部门分配收入系数矩阵需要从行的角度去分析数据。表 5.34 和表 5.35 为 2001 年和 2011 年的部门分配收入系数矩阵。

表 5.34   2001 年部门分配收入系数矩阵

机构部门	非金融企业	金融机构	政府	住户	国外
非金融企业	0.4414	0.3144	0.0602	0.0819	0.1021
金融机构	0.3347	0.4543	0.0865	0.1021	0.0223
政府	0.6274	0.1004	0.0256	0.2356	0.0110
住户	0.4338	0.0494	0.1871	0.3237	0.0060
国外	0.7682	0.0049	0.0043	0.0143	0.2083

表 5.35   2011 年部门分配收入系数矩阵

机构部门	非金融企业	金融机构	政府	住户	国外
非金融企业	0.4310	0.2854	0.0487	0.0684	0.1666
金融机构	0.3197	0.4546	0.0843	0.1134	0.0280
政府	0.5758	0.0798	0.0284	0.3019	0.0141
住户	0.3863	0.0554	0.2314	0.3165	0.0103
国外	0.5208	0.0753	0.0081	0.0622	0.3335

从部门分配收入系数矩阵来看，第一行为非金融企业部门分配收入系数向量，也就是说非金融企业从其他部门获得的分配收入占非金融企业获得的所有分配收入的比重，其他行依次类推。由上述两表可以看出，2001年和 2011 年非金融企业部门分配收入系数向量分别为：

2001 年：（0.4414　0.3144　0.0602　0.0819　0.1021）

2011 年：（0.4310　0.2854　0.0487　0.0684　0.1666）

数据表明，非金融企业分配收入的获得主要来源于自身部门和金融机构部门。非金融企业部门约70%的分配收入来自于企业，即来自于非金融企业和金融机构，且最主要的分配收入来源为非金融企业部门自身，这一比重达到近45%左右。但近年来，非金融企业从自身部门和金融机构获得的分配收入比重有明显的下降，分别由 0.4414 下降为 0.4310、0.3144 下降为 0.2854；非金融企业从国外获得分配收入有明显上升趋势，从0.1021 上升为 0.1666；从政府和住户获得的比重均有稍许下降趋势，这表明非金融企业部门分配收入从国内获得的比重呈现下降趋势，而与国外部门的交易往来越来越频繁，从国外获得的分配收入也越来越多。虽然目前全球经济形势不容乐观，但随着中国企业实力的不断加强，我国企业走向世界的步伐也越来越快，本土企业也将逐渐成为国际市场的有利竞争者。

通过观察金融机构部门 2001 年和 2011 年的部门分配收入系数向量可知，金融机构部门和非金融企业部门一样，其部门分配收入主要来源于企业，即来自于非金融企业和金融机构部门，且这一比例高达 80%。通过不同年份的比较发现，自 2001 年以来，金融机构部门分配收入的来源构成结构变化不大，几乎保持在一个稳定的状态。

通过政府部门 2001 年和 2011 年的部门分配收入系数向量的观察可知，政府部门分配收入获得主要来源于非金融企业部门，且近年来这一比重呈现显著的下降趋势，由 2001 年的 0.6274 下降为 2011 年的 0.5758，体现了政府为鼓励中小企业发展所做的努力；政府部门分配收入从金融机构部门获得的比重不高，2011 年仅为 0.0798，而且这一比重较 2001 年也有下降的趋势。政府部门从住户获得的分配收入比重上升，由 0.2356 上升为 0.3019，这一现象不是我们愿意看到的。提高住户生活水平就要求加大政府对住户再分配转移力度，减少从住户再分配转移的获得，因此应该减小政府分配收入从住户中获得比重，加大从非金融企业和金融机构的获得比重。

通过住户部门 2001 年和 2011 年的部门分配收入系数向量的观察与分析可知，在收入分配过程中，政府和住户内部对住户分配收入起到了非常重要的作用。从 2011 年的数据来看，住户部门分配收入获得主要来源于政府、住户内部以及非金融企业。但从变化趋势来看，住户从政府获得的分配收入比重上升，从企业部门获得的分配收入比重显著下降。住户从政府获得的收入分配比重由 2001 年的 0.1871 上升为 2011 年的 0.2314；从非金融企业部门获得的收入比重由 2001 年的 0.4338 下降为 2011 年的 0.3863。在收入分配过程中，住户从金融机构获得的分配收入比重较小，虽然金融机构员工的工资平均水平较其他行业高，但住户金融活动参与度不够，住户从金融机构获得的投资收益甚少。为增加居民收入水平，要求增强居民的投资意识，加强政府引导作用，也要求金融机构开展一些有利于农村居民的投资理财产品，加大农村居民的金融投资获得，改变农村居民剩余资金不仅仅是用来储蓄的现状，这对于缩小贫富差距，调整当前收入分配格局是具有重要意义的。

通过国外部门 2001 年和 2011 年的部门分配收入系数向量的观察与分析可知，国外部门分配收入主要来自于国内非金融企业部门，但国外部门分配收入的来源部门逐渐发生倾斜和转移。近年来国外部门从非金融企业部门获得的分配收入呈现明显的下降趋势，2001 年为 0.7682，到 2011 年下降为 0.5208；从国内金融机构、政府部门、住户部门以及国外部门获得的分配收入均呈现一定程度的上升趋势。

4. 部门分配支出系数矩阵

部门分配支出系数是某部门支付给其他部门的分配支出占该部门支付给其他所有机构部门分配支出的比重，所有部门之间的部门分配支出系数构成部门分配支出系数矩阵。与部门分配收入系数矩阵分析部门间收入分配关系的方法类似，可以计算出各年份部门分配支出系数，从而进行部门间收入分配关系的静态和动态分析。需要表明的是，部门分配支出系数矩阵是由部门矩阵流量比上部门支出列合计向量得来的，部门分配支出系数矩阵需要从列的角度去分析数据。表 5.36 和表 5.37 为 2001 年和 2011 年的部门分配支出系数矩阵。

表 5.36 　　　　　　　　2001 年部门分配支出系数矩阵

机构部门	非金融企业	金融机构	政府	住户	国外
非金融企业	0.0269	0.1010	0.0127	0.0086	0.1875
金融机构	0.0410	0.2935	0.0366	0.0216	0.0823
政府	0.2799	0.2363	0.0394	0.1812	0.1479
住户	0.6120	0.3678	0.9106	0.7873	0.2537
国外	0.0402	0.0013	0.0008	0.0013	0.3285

表 5.37 　　　　　　　　2011 年部门分配支出系数矩阵

机构部门	非金融企业	金融机构	政府	住户	国外
非金融企业	0.0464	0.1297	0.0147	0.0115	0.2734
金融机构	0.0554	0.3329	0.0410	0.0306	0.0742
政府	0.3330	0.1949	0.0461	0.2718	0.1243
住户	0.5333	0.3231	0.8968	0.6802	0.2169
国外	0.0319	0.0195	0.0014	0.0059	0.3112

从部门分配支出系数矩阵来看，第一列非金融企业所对应的列向量即为非金融企业部门支付给其他部门的分配支出占非金融企业支付给其他所有部门分配支出的比重，其他列依次类推。

非金融企业部门的 2001 年和 2011 年部门分配支出系数向量分别为：

2001 年：$(0.0269 \quad 0.0410 \quad 0.2799 \quad 0.6120 \quad 0.0402)'$

2011 年：（0. 0464　0. 0554　0. 333　0. 5333　0. 0319）′

　　通过数据观察可见，非金融的分配支出主要支付给了政府和住户，且支付给这两个部门的比重水平达到85％左右，但支付给政府部门的比重呈现上升的趋势，支付给住户的比重呈现下降的趋势。

　　通过 2001 年和 2011 年金融机构部门分配支出系数向量观察，可见金融机构部门分配支出主要支付给了自身部门以及住户部门，同时支付给非金融企业和政府的比重也比较显著。

　　通过观察政府部门的分配支出系数向量，得知政府的分配支出主要支付给了住户部门，而且支付占绝对比重，这一比重也呈现略微的下降趋势，2001 年为 0.9106，2011 年为 0.8969，体现了政府为改善收入分配格局所做的巨大努力。

　　通过观察住户部门的部门分配支出系数向量，发现住户分配支出主要支付给了自身部门，但支付比重呈现下降的趋势，支付给政府的比重呈现上升的趋势。

　　通过观察国外部门的部门分配支出系数向量，可见近年来国外对国内各机构部门的分配支出呈现稍许的波动，对非金融企业的支付比重有明显上升；支付给其他部门的比重均有不同程度的下降。

　　由上可见，在收入分配过程中，国内各机构部门分配支出均主要支付给了住户部门，但各部门支付给住户的比重均有所下降，而住户收入获得主要来自于分配过程中从其他机构部门的获得，这对于提高居民收入水平，调整当前收入分配格局是背道而驰的。因此，要想提高居民收入水平，必须提高各机构部门分配过程中支付给住户的比例。

第 6 章

国民收入核算矩阵的
乘数模型研究

国民收入流量分析是把国民收入初次分配、再分配过程联系起来，作为一个互有联系的相对完整系统，来对各部门间的流量关系进行综合分析。国民收入流量分析可以借助国民收入流量表，建立乘数模型来进行。利用前面介绍的国民收入核算矩阵"S–BY–T"表的平衡关系及其结构系数和市场份额，可以推导出多个乘数模型，作为最典型的代表，本书给出了四个乘数模型的推导与介绍：一是可支配收入部门乘数模型，即列模型；二是增加值部门乘数模型，即行模型；三是生产税净额收入的交易乘数模型；四是劳动报酬支出的交易乘数模型。

6.1 可支配收入的部门乘数模型及乘数效应

6.1.1 可支配收入的部门乘数模型推导与完全收入系数

基于国民收入核算矩阵的可支配收入乘数模型，是从国民收入核算矩阵列的方向进行推导的。根据列的方向存在的机构部门分配支出、可支配收入与总支出之间存在的平衡关系，以及国民收入核算矩阵收入表与支出表存在的平衡关系，可以进行可支配收入的部门乘数模型的推导。国民收入核算矩阵符号如表 6.1 所示。

表 6.1　　　　　　　　　　　　国民收入核算矩阵符号表

	机构部门	分配收入	增加值	总收入
机构部门		BS	JN	G'
分配支出	AS			$\overline{AS}$
可支配收入	Z			$\overline{Z}$
总支出	G	$\underline{BS}$	$\underline{JN}$	

根据列平衡关系有：

$$g_j = \sum_{i=1}^{m} (as)_{ij} + z_j \qquad (j = 1, 2, \cdots, n) \tag{6.1}$$

由于：

$$(as)_{ij} = b_{ij}^* \cdot \overline{as_i} \tag{6.2}$$

所以：

$$G' = B'^* \cdot \overline{AS} + Z' \tag{6.3}$$

又由于：

$$\underline{bs_j} = \sum_{i=1}^{n} (bs)_{ij} = \sum_{j=1}^{n} a_{ij} \cdot g_i \tag{6.4}$$

$$\underline{bs_j} = \overline{as_i} \quad 即 \overline{AS} = A' \cdot G' \tag{6.5}$$

所以：

$$G' = B'^* \cdot A' \cdot G' + Z' \tag{6.6}$$

整理后：

$$G' = (I - B^{*\prime} \cdot A')^{-1} \cdot Z' \tag{6.7}$$

即：

$$\Delta G' = (I - B^{*\prime} \cdot A')^{-1} \cdot \Delta Z' \tag{6.8}$$

若令 $(I - B^{*\prime} \cdot A')^{-1} = P$，则 P_{ij} 表示第 j 部门形成每单位可支配收入需要从第 i 部门获得收入的数量。我们定义 $(I - B^{*\prime} \cdot A')^{-1}$ 为部门间完全收入系数矩阵，同时 P_{ij} 也可以解释为 j 部门可支配收入变化一个单位所引起的第 i 部门总收入（总支出）变化的数量。

因此，可支配收入部门乘数模型矩阵形式展开为：

$$\begin{pmatrix} G_1 \\ G_2 \\ G_3 \\ G_4 \\ G_5 \end{pmatrix} = \begin{pmatrix} p_{11} & p_{12} & p_{13} & p_{14} & p_{15} \\ p_{21} & p_{22} & p_{23} & p_{24} & p_{25} \\ p_{31} & p_{32} & p_{33} & p_{34} & p_{35} \\ p_{41} & p_{42} & p_{43} & p_{44} & p_{45} \\ p_{51} & p_{52} & p_{53} & p_{54} & p_{55} \end{pmatrix} \cdot \begin{pmatrix} Z_1 \\ Z_2 \\ Z_3 \\ Z_4 \\ Z_5 \end{pmatrix}$$

$$= \begin{pmatrix} p_{11} \cdot Z_1 + p_{12} \cdot Z_2 + p_{13} \cdot Z_3 + p_{14} \cdot Z_4 + p_{15} \cdot Z_5 \\ p_{21} \cdot Z_1 + p_{22} \cdot Z_2 + p_{23} \cdot Z_3 + p_{24} \cdot Z_4 + p_{25} \cdot Z_5 \\ p_{31} \cdot Z_1 + p_{32} \cdot Z_2 + p_{33} \cdot Z_3 + p_{34} \cdot Z_4 + p_{35} \cdot Z_5 \\ p_{41} \cdot Z_1 + p_{42} \cdot Z_2 + p_{43} \cdot Z_3 + p_{44} \cdot Z_4 + p_{45} \cdot Z_5 \\ p_{51} \cdot Z_1 + p_{52} \cdot Z_2 + p_{53} \cdot Z_3 + p_{54} \cdot Z_4 + p_{55} \cdot Z_5 \end{pmatrix} \tag{6.9}$$

同时，通过检验我们发现，上面分析部分出现的部门直接收入系数矩阵 β 的转置 β' 对应于列模型（即收入模型）$G' = (I - B^{*'} \cdot A')^{-1} \cdot Z'$ 中的 $B^{*'} \cdot A'$，即 $\beta = A \cdot B^*$，$\beta' = B^{*'} \cdot A'$。

因此，可支配收入部门乘数模型又可以表示为：

$$G' = (I - \beta')^{-1} \cdot Z' \tag{6.10}$$

可见，在国民收入分配的整个过程中，每个机构部门形成的单位可支配收入不仅有来自自身部门获得的收入，还要从其他机构部门获得的分配收入，且其获得的完全分配收入数量为完全收入系数矩阵中非主对角线上的数字。另外，从完全收入系数矩阵还可以派生出两组指数，分别是部门依存度和部门依存度系数，以及部门支撑度和部门支撑度系数。

完全收入系数矩阵是在收入模型推导的基础上得到的，表示某机构部门形成单位可支配收入需要从其他部门获得的收入数量。利用近年来（2011年）部门间完全收入系数矩阵可以分析部门间完全收入分配现状，利用不同年份的部门完全收入系数矩阵，可以对比不同年份的部门完全收入分配变化情况。表6.2和表6.3给出了2001年和2011年部门间完全收入系数矩阵。完全收入系数矩阵从列的角度分析，表示某机构部门形成单位可支配收入需要从其他机构部门获得的收入数量；从行的角度去分析，表示各机构部门形成单位可支配收入需要从某机构部门获得的收入数量。

表6.2　　　　　　　　　2011年部门间完全收入系数矩阵

机构部门	非金融企业部门	金融机构部门	政府部门	住户部门	国外部门
非金融企业部门	1.032	0.355	0.571	0.486	1.015
金融机构部门	0.020	1.365	0.119	0.083	0.030
政府部门	0.005	0.084	1.055	0.171	0.014
住户部门	0.007	0.120	0.231	1.316	0.033
国外部门	0.006	0.025	0.016	0.012	1.270

表 6.3　　　　　　　　　2001 年部门间完全收入系数矩阵

机构部门	非金融企业部门	金融机构部门	政府部门	住户部门	国外部门
非金融企业部门	1.056	0.374	0.583	0.495	0.921
金融机构部门	0.033	1.393	0.119	0.103	0.194
政府部门	0.008	0.096	1.079	0.223	0.051
住户部门	0.013	0.150	0.312	1.349	0.157
国外部门	0.020	0.044	0.033	0.029	1.524

在利用完全收入系数矩阵对部门间收入分配关系进行分析的时候，本书以住户部门为例从行和列的角度进行说明。从行的角度分析表示各机构部门形成单位可支配收入需要从住户部门获得的收入数量。通过 2001 年和 2011 年部门完全收入系数矩阵进行观察分析，可见 2001 年和 2011 年住户部门的行向量分别为：

2001 年：（0.007　0.12　0.231　1.316　0.033）

2011 年：（0.013　0.15　0.312　1.349　0.157）

由住户部门完全收入系数行向量来分析，2001 年非金融企业部门、金融机构部门、政府部门、住户部门、国外部门形成每单位可支配收入需要从住户部门获得的收入分别为 0.007、0.12、0.231、0.316、0.033，除自身部门以外，政府部门是单位可支配收入形成从住户部门获得收入数量最多的部门。2011 年非金融企业部门、金融机构部门、政府部门、住户部门、国外部门形成单位可支配收入需要从住户部门获得收入数量分别为 0.013、0.15、0.312、0.349、0.157，除自身部门以外，政府部门依然是单位可支配收入形成从住户部门获得收入最多的部门，而且需要的数量呈现明显的上升趋势。另外，近年来，其他各机构部门形成单位可支配收入需要从住户部门获得的收入数量都呈现明显的上升趋势。住户部门对各机构部门可支配收入形成的贡献逐渐增大增强。

从列的角度分析表示住户部门形成每单位可支配收入需要从其他部门获得的收入数量。通过 2001 年和 2011 年部门完全收入系数矩阵的观察分析，可知 2001 年和 2011 年住户部门的列向量分别为：

2001 年：（0.486　0.083　0.171　1.316　0.012）′

2011 年：（0.495　0.103　0.223　1.349　0.029）′

由住户部门的完全收入系数列向量来分析，除自身部门以外，住户部门形成单位可支配收入需要从非金融企业部门获得的收入数量最多，2001

年为 0.486，2011 年为 0.495，存在一个明显上升的趋势。2001 年住户部门形成单位可支配收入需要从金融机构、政府、住户、国外获得的收入数量分别为 0.083、0.171、0.316、0.012；2011 年住户部门形成单位可支配收入需要从这几个部门获得的收入数量分别为 0.103、0.223、0.349、0.029。2011 年住户部门形成单位可支配收入需要从各部门获得收入数量从高到低依次为非金融企业、住户政府、金融机构、国外部门。非金融企业部门和自身部门是提供给住户收入的主要部门。而且近年来，住户部门形成单位可支配收入需要从金融机构、政府、住户、国外部门获得的收入数量都在提高，住户可支配收入的形成对这些部门的依赖性增强。若想扩大住户部门的可支配收入，就需要扩大其他各机构部门的总收入水平。

这里需要特别说明的是，无论是从行的角度还是从列的角度，完全收入系数矩阵对角线上的数字表示某部门形成单位可支配收入所诱发的收入数量，对角线上的数字减去 1 之后，表示某部门形成单位可支配收入需要从自身部门获得的收入数量。

6.1.2 部门依存度和部门依存度系数

完全收入系数矩阵中，每一列向量的元素合计 $\sum_{i=1}^{n} p_{ij}$ 是 j 部门形成单位可支配收入需要从全社会获得的完全分配收入数量，也就是说 j 部门形成单位可支配收入对国民经济各个部门的依赖程度，因此，也称 $\sum_{i=1}^{n} p_{ij}$ 为 j 部门的依存度。每个机构部门形成单位可支配收入，都需要从其他机构部门获得一定的收入分配，但不同的机构部门这种依赖作用是不同的。为了方便比较各个部门单位可支配收入形成对全社会的依存度，常把完全收入系数矩阵中每一列向量元素的合计 $\sum_{i=1}^{n} p_{ij}$ 比上各列向量元素合计的平均值 $\frac{1}{n} \sum_{j=1}^{n} \sum_{i=1}^{n} p_{ij}$（即社会平均依存度），得到的系数称为部门依存度系数。部门依存度系数用字母 l 表示：

则部门依存度系数公式为：

$$l_j = \frac{\sum\limits_{i=1}^{n} p_{ij}}{\dfrac{1}{n} \sum\limits_{j=1}^{n} \sum\limits_{i=1}^{n} p_{ij}} \qquad (j = 1,\ 2,\ \cdots,\ n) \tag{6.11}$$

令 $p_j = \sum\limits_{i=1}^{n} p_{ij}$ 表示部门 j 的依存度；$\bar{p} = \dfrac{1}{n} \sum\limits_{j=1}^{n} \sum\limits_{i-1}^{n} p_{ij}$ 表示社会平均依存度。

则部门依存度系数公式又可表示为：

$$l_j = \frac{p_j}{k} \qquad (j = 1,\ 2,\ \cdots,\ n) \tag{6.12}$$

部门依存度系数大小存在三种情况：当 $l_j = 1$ 时，表示 j 部门单位可支配收入形成对社会各部门的依赖程度等于社会平均依赖程度；当 $l_j > 1$ 时，表示 j 部门单位可支配收入形成对社会各部门的依赖程度大于社会平均水平；当 $l_j < 1$ 时，表示 j 部门单位可支配收入形成对社会各部门的依赖程度小于社会平均水平。

部门依存度是完全收入系数矩阵中每一列向量元素的合计，即某部门形成单位可支配收入需要从社会获得的完全分配收入数量，也即某部门单位可支配收入的形成对国民经济各部门的依赖程度。社会平均依存度是指全社会形成单位可支配收入，需要对经济各部门的平均依赖程度。每个机构部门形成单位可支配收入，都需要从其他机构部门获得一定的收入分配，但不同的机构部门这种依赖作用是不同的。将某一部门的依存度比上社会平均依存度，就可以得到某个部门的依存度系数，这样便于比较各个部门形成单位可支配收入对全社会的依存度。

从部门完全收入系数矩阵中计算可得 2001 年非金融企业部门、金融机构部门、政府部门、住户部门、国外部门的部门依存度分别为 0.069、0.949、0.992、1.067、1.361；全社会的平均依存度为 0.888；各部门的依存度系数分别为 0.078、1.069、1.117、1.202、1.533。非金融企业部门的依存度非常小，依存度系数也低于全社会平均水平特别多；而除了非金融企业部门的其他机构部门依存度均大于社会平均依存度水平。2011 年各机构部门依存度分别为 0.13、1.058、1.127、1.199、1.847；全社会平均依存度为 1.072；各部门的依存度系数分别为 0.121、0.987、1.051、1.118、1.723。从 2011 年的依存度和依存度系数数据可知，非金融企业部门的依存度系数有明显的增长趋势，但依然低于全社会平均依存度水平，表明非金融企业部门单位可支配收入的形成对全社会的依赖度增强，但较之社会依存度平均水平来说依然是很低的。近 10 年来，各部门的依存度都存在明显上升的趋势，但金融机构、政府、住户的部门依存度系数都存在下降的趋势。而且 2011 年金融机构部门的依存度系数由 2001 年的大于 1 变为小于 1，也就是说金融机构部门形成单位可支配收入，需要对全社会各部门的依赖程度小于社会依存度平均水平。

6.1.3 部门支撑度和部门支撑度系数

完全收入系数矩阵中，每一行向量元素的合计 $\sum\limits_{j=1}^{n} p_{ij}$ 表示国民经济各部门形成单位可支配收入，需要从 i 部门获得的完全收入分配数量，也就是 i 部门能够提供的支撑程度，我们称之为 i 部门的支撑度，它反映了 i 部门对其他部门的支撑程度。同时，为了便于比较各个部门对其他部门支撑程度的大小，用完全收入系数矩阵中每一行向量元素的合计 $\sum\limits_{j=1}^{n} p_{ij}$ 比上各行向量元素的合计的平均值（社会平均支撑度），得到的系数称为部门支撑度系数。部门支撑度系数用字母 z_i 表示：

则部门支撑度系数公式可表示为：

$$z_i = \frac{\sum\limits_{j=1}^{n} p_{ij}}{\frac{1}{n} \sum\limits_{j=1}^{n} \sum\limits_{i-1}^{n} p_{ij}} \quad (i = 1, 2, \cdots, n) \tag{6.13}$$

令 $p_i = \sum\limits_{j=1}^{n} p_{ij}$ 表示 i 部门的支撑度；$\bar{p} = \frac{1}{n} \sum\limits_{j=1}^{n} \sum\limits_{i-1}^{n} p_{ij}$ 表示社会平均支撑度。

则部门支撑度系数又可表示为：

$$p_i = \frac{p_i}{\bar{p}} \quad (i = 1, 2, \cdots, n) \tag{6.14}$$

部门支撑度系数大小存在三种情况：当 $p_i = 1$ 时，表示 i 部门对全社会各部门可支配收入形成的支撑度等于社会平均支撑度；当 $p_i > 1$ 时，表示 i 部门对全社会各部门可支配收入形成的支撑度大于社会平均支撑度水平；当 $p_i < 1$ 时，表示 i 部门对全社会各部门可支配收入形成的支撑度小于社会平均支撑度水平。哪个部门的支撑度大，说明哪个部门对全社会其他机构部门可支配收入形成的贡献大。

部门支撑度是完全收入系数矩阵中每一行向量元素的合计，即各部门形成单位可支配收入，需要从某部门获得的收入数量，也就是说某部门对其他部门的支撑程度。社会平均支撑度水平是指全社会对各部门单位可支配收入形成的支撑程度。当然每个部门对社会其他部门的支撑度是不一样的，为便于比较每个部门对其他部门可支配收入形成的支撑大小，用每个部门的支撑度比上社会平均支撑度水平，就可以对各部门支撑度进行比较。

根据部门完全收入系数矩阵的计算，可得 2001 年非金融企业、金融机构、政府、住户、国外部门的部门支撑度分别为 2.459、0.616、0.328、0.706、0.329；社会平均支撑度水平为 0.888；各部门的部门支撑度系数为 2.77、0.694、0.370、0.795、0.371。可见 2001 年非金融企业部门对社会各部门可支配收入形成的支撑度最大，支撑度系数 2.77 也远远大于 1，也就是说非金融企业的部门支撑度远远大于社会平均支撑度水平。其他各机构部门的支撑度都小于社会平均支撑度水平，且政府部门对全社会的部门支撑度最低。2011 年各部门支撑度分别为 2.285、0.979、0.576、1.103、0.676；社会平均支撑度水平为 1.124；各部门的部门支撑度系数为 2.429、0.843、0.457、0.981、0.65。与 2001 年相比，2011 年非金融企业部门对全社会可支配收入形成的部门支撑度显著下降，支撑度系数也减小了。其他机构部门的部门支撑度都有不同程度的上升趋势，表明这些机构部门对社会各部门可支配收入形成的支撑度增强。企业部门尤其是非金融企业部门是社会产品和服务的主要生产部门，也是原材料和中间投入最多的部门，所以企业部门对社会的支撑度大也是情理之中的。

6.2　增加值的部门乘数模型及乘数效应

6.2.1　增加值的部门乘数模型推导与完全支出系数

基于国民收入核算矩阵的增加值部门乘数模型，是从国民收入核算矩阵行的方向进行推导的。根据行的方向存在的机构部门分配收入、增加值、总收入之间存在的平衡关系，以及整个国民收入核算矩阵收入表和支出表之间存在的平衡关系，可以进行国民收入核算矩阵增加值部门乘数模型的推导。

根据行平衡关系有：

$$g_i = \sum_{j=1}^{m} (bs)_{ij} + y_i \quad (i = 1, 2, \cdots, n) \tag{6.15}$$

由于：

$$(bs)_{ij} = a_{ij}^* \cdot \underline{bs}_j \tag{6.16}$$

所以：

$$G' = A^* \cdot \underline{BS}' + Y \tag{6.17}$$

又由于：

$$\overline{as}_i = \sum_{j=1}^{n} (as)_{ij} = \sum_{j=1}^{n} b_{ij} \cdot g_j \tag{6.18}$$

$$\underline{bs}_j = \overline{as}_i \quad 即 \underline{BS} = G \cdot B' \tag{6.19}$$

所以：

$$G' = A^* \cdot B \cdot G' + Y \tag{6.20}$$

整理后：

$$G' = (I - A^* \cdot B)^{-1} \cdot Y \tag{6.21}$$

即：

$$\Delta G' = (I - A^* \cdot B)^{-1} \cdot \Delta Y \tag{6.22}$$

若令 $(I - A^* \cdot B)^{-1} = K$，则 K_{ij} 表示第 j 部门中每单位增加值向第 i 部门完全支付的数量。我们定义 $(I - A^* \cdot B)^{-1}$ 为部门间完全支付系数矩阵，同时 K_{ij} 也可以解释为 j 部门增加值每增加一个单位所引起的第 i 部门总支出（总收入）的变化数量。

因此，增加值部门乘数模型矩阵形式展开为：

$$
\begin{pmatrix} G_1 \\ G_2 \\ G_3 \\ G_4 \\ G_5 \end{pmatrix} = \begin{pmatrix} k_{11} & k_{12} & k_{13} & k_{14} & k_{15} \\ k_{21} & k_{22} & k_{23} & k_{24} & k_{25} \\ k_{31} & k_{32} & k_{33} & k_{34} & k_{35} \\ k_{41} & k_{42} & k_{43} & k_{44} & k_{45} \\ k_{51} & k_{52} & k_{53} & k_{54} & k_{55} \end{pmatrix} \cdot \begin{pmatrix} Y_1 \\ Y_2 \\ Y_3 \\ Y_4 \\ 0 \end{pmatrix}
$$

$$
= \begin{pmatrix} k_{11} \cdot Y_1 + k_{12} \cdot Y_2 + k_{13} \cdot Y_3 + k_{14} \cdot Y_4 \\ k_{21} \cdot Y_1 + k_{22} \cdot Y_2 + k_{23} \cdot Y_3 + k_{24} \cdot Y_4 \\ k_{31} \cdot Y_1 + k_{32} \cdot Y_2 + k_{33} \cdot Y_3 + k_{34} \cdot Y_4 \\ k_{41} \cdot Y_1 + k_{42} \cdot Y_2 + k_{43} \cdot Y_3 + k_{44} \cdot Y_4 \\ k_{51} \cdot Y_1 + k_{52} \cdot Y_2 + k_{53} \cdot Y_3 + k_{54} \cdot Y_4 \end{pmatrix} \tag{6.23}
$$

通过检验发现，上面分析部分出现的部门直接支出系数矩阵 γ 对应于行模型（即支出模型）$(I - A^* \cdot B)^{-1} = K$ 中的 $A^* \cdot B$，即 $\gamma = A^* \cdot B$。

因此，增加值部门乘数模型又可以表示为：

$$G' = (I - \gamma)^{-1} \cdot Y \tag{6.24}$$

可见，由于整个国民经济系统是一个相互影响、相互联系的有机整体，在国民收入分配过程中各部门之间也是相互关联且又相互影响的，因此，在各机构部门总收入形成过程中，各机构部门单位增加值的支出，不仅有对该机构部门自身的增加值支出，也有该机构部门对其他机构部门的增加值支出，而且每单位增加值对其他机构部门的支出有直接和间接的影响作用。其对其他机构部门的影响就是完全支出系数矩阵中非主对角线上的数字，即该部门每单位增加值向其他机构部门完全支付的数量。从完全支出系数矩阵中可以派生出两组指数，分别是部门影响力和部门影响力系数，以及部门感应度和部门感应度系数。

完全支出系数矩阵是在增加值部门乘数模型推导的基础上得到的，表示某机构部门单位增加值需要向其他部门支付的数量。利用近年来（2011年）部门完全支出系数矩阵可以分析部门间完全收入分配支出现状，利用不同年份的部门完全支出系数矩阵，可以对比不同年份的部门完全支出分配变化情况。表6.4和表6.5给出了2001年和2011年部门间完全支出系数矩阵。完全支出系数矩阵，从列的角度分析表示某机构部门单位增加值在收入分配过程中，需要向其他部门完全支付的数量；从行的角度分析表示在收入分配过程中，各机构部门单位增加值需要向某机构部门完全支付的数量。

表6.4   2001年部门间完全支付系数矩阵

机构部门	非金融企业部门	金融机构部门	政府部门	住户部门	国外部门
非金融企业部门	1.032	0.128	0.010	0.005	0.166
金融机构部门	0.054	1.365	0.028	0.012	0.104
政府部门	0.259	0.354	1.055	0.069	0.201
住户部门	0.731	0.815	0.568	1.316	0.498
国外部门	0.037	0.007	0.001	0.001	1.270

表 6.5　　　　　　　　　　　2011 年部门间完全支付系数矩阵

机构部门	非金融企业部门	金融机构部门	政府部门	住户部门	国外部门
非金融企业部门	1.056	0.166	0.014	0.010	0.490
金融机构部门	0.074	1.393	0.035	0.022	0.213
政府部门	0.316	0.327	1.079	0.124	0.437
住户部门	0.674	0.711	0.561	1.349	0.963
国外部门	0.038	0.040	0.004	0.005	1.524

　　利用完全支出系数矩阵对部门间分配关系进行分析的时候，本书依然以住户部门为例进行说明。从列的角度进行分析表示住户部门单位增加值在收入分配过程中，需要向其他部门完全支付的数量。从 2001 年和 2011 年部门完全支出系数矩阵，可以得到 2001 年和 2011 年住户部门的完全支出系数列向量分别为：

　　2001 年：（0.005　0.012　0.069　1.316　0.001）'

　　2011 年：（0.01　0.022　0.124　1.349　0.005）'

　　由住户部门完全支出系数列向量来看，2001 年住户部门单位增加值在收入分配过程中，需要向非金融企业、金融机构、政府、住户、国外部门分别支付的完全支出数量分别为 0.005、0.012、0.069、0.316、0.001，住户部门单位增加值向各部门完全支付的数量都比较少。2011 年在收入分配过程中，住户部门单位增加值向各机构部门完全支付的数量分别为 0.01、0.022、0.124、0.349、0.005，住户部门单位增加值向各部门支付的数量依然很低，但都呈现了不同程度的上升趋势。也就是说住户部门生产对其他部门收入的贡献均比较小。住户部门毕竟不是生产创造的主要部门，且住户部门是分配收入净流入部门，自然每单位增加值向其他部门完全支付的数量比较少，这一结论与住户部门的性质相符。

　　从行的角度分析，表示在收入分配过程中，各机构部门单位增加值需要向住户部门完全支付的数量。从 2001 年和 2011 年部门完全支出系数矩阵，可得 2001 年和 2011 年住户部门的完全支出行向量分别为：

　　2001 年：（0.731　0.815　0.568　1.316　0.498）

　　2011 年：（0.674　0.711　0.561　1.349　0.963）

　　由住户部门完全支出系数矩阵行向量来看，在收入分配过程中，各部门生产对住户收入的形成贡献均比较大，而且企业部门（非金融企业和金融机构）单位增加值向住户部门完全支付的数量是最大的。2001 年各机构部门单位增加值需要向住户部门完全支付的数量分别为 0.731、0.815、0.568、0.316、0.498；2011 年各机构部门单位增加值需要向住户部门完全支付的数量分别为 0.674、0.711、0.561、0.349、0.963。企业从住户获取劳动，企业创造增加值，进而住户从企业获得劳动报酬，企业创造的每单位增加值自然向住户部门支付的比较多。政府向住户提供社会保障福利、社会救济，住户从政府获得一定程度的生活保障。因此，企业和政府部门单位增加值向住户部门完全支付的数量都比较大。

　　这里需要特别指出的是，完全支出系数矩阵对角线上的数字表示某部门单位增加值所诱发的本部门收入数量。对角线上数字减去 1 表示某部门单位增加值在收入分配过程中需要向本部门完全支付的数量。因此，住户部门与住户部门交叉数字 1.349 表示住户部门每单位增加值所诱发的住户部门的收入为 1.395 单位；在收入分配过程中，住户部门每单位增加值向本部门完全支付的数量为 0.349。

6.2.2　部门影响力和部门影响力系数

　　完全支出系数矩阵中，每一列向量元素的合计 $\sum_{i=1}^{n} k_{ij}$ 是 j 部门的每单位增加值向全社会完全支付的分配收入数量，也就是说 j 部门的每单位增加值对国民经济各个部门的影响。因此，此处称 $\sum_{i=1}^{n} k_{ij}$ 为 j 部门的影响力。每一个部门增加值增加时，都会促进其他各机构部门分配收入的扩张，但是不同部门的这种促进作用是不同的。为便于比较每个部门的影响力大小，我们把完全支付系数矩阵中的每一列向量元素的合计 $\sum_{i=1}^{n} k_{ij}$ 比上各列向量元素合计的平均值 $\frac{1}{n}\sum_{j=1}^{n}\sum_{i=1}^{n} k_{ij}$（即社会平均影响力），这样得到的系数就称为部门影响力系数。部门影响力系数用字母 r_j 表示，则部门影响力系数公式为：

$$r_j = \frac{\sum_{i=1}^{n} k_{ij}}{\frac{1}{n}\sum_{j=1}^{n}\sum_{i=1}^{n} k_{ij}} \quad (j=1, 2, \cdots, n) \qquad (6.25)$$

令 $k_j = \sum_{i=1}^{n} k_{ij}$ 表示 j 部门的影响力；$\bar{k} = \dfrac{1}{n} \sum_{j=1}^{n} \sum_{i-1}^{n} k_{ij}$ 表示社会平均影响力。

则部门影响力公式又可以表示为：

$$r_j = \frac{k_j}{\bar{k}} \qquad (j=1, 2, \cdots, n) \tag{6.26}$$

部门影响力系数大小存在三种情况：当 $r_j = 1$ 时，表示 j 部门对社会各部门收入分配的影响程度等于社会平均水平；当 $r_j > 1$ 时，表示 j 部门对社会各部门收入分配的影响程度小于社会平均水平；当 $r_j < 1$ 时，表示 j 部门对社会各部门收入分配的影响程度大于社会平均水平。

部门影响力是部门完全支付系数矩阵中每一列向量元素的合计，表示某部门单位增加值对国民经济各个部门的影响，即在收入分配过程中，某部门单位增加值需要向社会完全支付的数量。社会平均影响是指全社会单位增加值对国民经济部门分配收入的平均影响。每一个部门增加值增加时，都会促进其他各机构部门分配收入的扩张，但是不同部门的这种促进作用是不同的。为便于比较每个部门的影响力大小，将某部门影响力比上社会平均影响力，即可对各部门的影响力进行比较。

从部门完全支出系数矩阵计算可得，2001 年非金融企业、金融机构、政府、住户、国外的部门影响力分别为 1.114、1.670、0.662、0.403、1.239；社会平均影响力为 1.018；各部门的部门影响力系数为 1.095、1.641、0.651、0.396、1.218。非金融企业部门影响力为 1.114，表示非金融企业部门增加值每增加（减小）一个单位时，对各部门分配收入的扩张就会增加（减小）1.114 个单位。非金融企业、金融机构、国外的部门影响力均大于社会平均水平，住户和政府部门影响力小于社会平均水平。2011 年各部门的部门影响力分别为 1.157、1.638、0.693、0.509、2.628；社会平均影响力为 1.325；各部门的部门影响力系数为 0.873、1.236、0.523、0.384、1.984。由此可见，近年来除金融机构部门，其他各机构部门的影响力均存在不同程度的上升趋势，但国内各机构部门部门影响力系数均存在下降趋势，且非金融企业部门影响力水平已经低于社会平均水平了。也就是说近年来，各机构增加值每增大（缩小）一个单位时，对其他部门的分配收入的扩张（收缩）作用增强，但是非金融企业部门的影响力水平变得低于全社会平均影响力水平了。

6.2.3 部门感应度和部门感应度系数

完全支出系数矩阵中，每一行向量元素的合计 $\sum\limits_{j=1}^{n} k_{ij}$，表示国民经济各部门增加值每增加一个单位时，$i$ 部门增加的完全分配收入数量，也就是说国民经济各部门增加值变化一个单位，其他各部门做出的感应大小，因此又称 $\sum\limits_{j=1}^{n} k_{ij}$ 为 i 部门的感应度。为了便于比较各个部门感应度的大小，常把完全支出系数矩阵中每一行向量各元素的合计 $\sum\limits_{j=1}^{n} k_{ij}$ 比上各行向量元素的合计的平均值 $\dfrac{1}{n}\sum\limits_{j=1}^{n}\sum\limits_{i-1}^{n} k_{ij}$（即社会平均感应度），得到的系数称为部门感应度系数。部门感应度系数用字母 s 代表，则部门感应度系数用公式可表示为：

$$s_i = \frac{\sum\limits_{j=1}^{n} k_{ij}}{\dfrac{1}{n}\sum\limits_{j=1}^{n}\sum\limits_{i-1}^{n} k_{ij}} \quad (i = 1, 2, \cdots, n) \tag{6.27}$$

令 $k_i = \sum\limits_{j=1}^{n} k_{ij}$ 表示 i 部门的感应度；$\bar{k} = \dfrac{1}{n}\sum\limits_{j=1}^{n}\sum\limits_{i-1}^{n} k_{ij}$ 表示社会平均感应度。

则部门感应度系数又可表示为：

$$s_i = \frac{k_i}{\bar{k}} \quad (i = 1, 2, \cdots, n) \tag{6.28}$$

部门感应度系数大小存在三种情况：当 $s_i = 1$ 时，表示 i 部门的感应度与社会平均感应度相等；当 $s_i > 1$ 时，表示 i 部门的感应度大于社会平均感应度水平；当 $s_i < 1$ 时，表示 i 部门的感应度小于社会平均感应度水平。哪个部门的感应度值大，说明哪个部门完全分配收入受其他机构部门增加值大小的影响就大，当各个部门的增加值都增加时，该机构部门获得的完全分配收入是最多的。

部门感应度是完全支出系数矩阵中每一行向量元素的合计，表示国民经济各部门增加值每增加一个单位时，某部门增加的完全收入数量，也就是说国民经济各部门增加值变化一个单位，其他各部门作出的感应大小。

社会平均感应度是指国民经济各部门增加值变化一个单位时，全社会各部门对此作出的平均感应度大小。为便于比较各个部门感应度的大小，将某部门的感应度比上社会平均感应度水平，即可对各部门的感应度进行比较。

从部门完全支出系数矩阵可知，2001 年非金融企业、金融机构、政府、住户、国外的部门感应度分别为 0.340、0.564、0.939、2.928、0.316；社会平均感应度为 1.018；各部门的部门感应度系数分别为 0.335、0.554、0.923、2.878、0.311。住户部门感应度为 2.928，表示全社会增加值每增加（减小）一个单位时，住户部门增加（减少）的完全收入数量为 2.928，也就是说住户部门对此作出的感应度水平为 2.928，住户部门的感应度比较大。2011 年各部门的部门感应度分别为 0.736、0.738、1.284、3.257、0.611；社会平均感应度分别为 1.325；各部门的部门感应度系数分别为 0.556、0.557、0.969、2.458、0.461。可见，近年来各部门的感应度水平都呈现了不同程度的增长趋势，社会平均感应度水平也增长了。也就是说全社会增加值增加（减少）一个单位时，每个部门对此作出的感应度都在增强，每个部门增加（减少）的完全收入数量增多。在收入分配过程中，住户部门是净流入部门，各部门增加值的增加使得住户部门分配收入增加的数量最多，住户部门的部门感应度比较强。

6.3 生产税净额收入的交易乘数模型及应用

利用国民收入核算矩阵不只可以建立数学模型研究各机构部门增加值与总收入、可支配收入与总支出之间的部门关系，还可以建立模型研究政府生产税净额收入与各交易项目的关系、劳动报酬支出与各交易项目的关系。

根据国民收入核算矩阵的各种平衡关系，以及上面可支配收入部门乘数模型与增加值部门乘数模型的推导与设计，可以延伸到任何分配收入项目与总收入与总支出的乘数模型，以实现国民收入核算矩阵的全面理解和掌握。在某种分配收入项目乘数模型推导之前，首先要对国民收入核算矩阵表格重现编排。将需要研究的分配收入项目所在的列移动到增加值列向量之后，将分配收入项目所在的行向量移动到可支配收入行向量之后，将所需要研究的分配收入项目与增加值合并，对应的分配支出项目与可支配收入合并，然后利用重新编排的国民收入核算矩阵，根据国民收入核算矩阵平衡关系来完成该种分配收入项目乘数模型的推导。

为便于生产税净额收入交易乘数模型的推导和理解，我们重新对国民收入核算矩阵表进行了编排，在国民收入核算矩阵收入表与支出表中分别将生产税净额列向量移动到增加值列向量之后，将生产税净额行向量移动到可支配收入行向量之后。重新编排的国民收入核算矩阵如表 6.6 所示。

表 6.6　　　　　国民收入核算矩阵简表（生产税净额外生）

| | | 机构部门 | | 分配收入 | | | 增加值 | 生产税净额 | 总收入 |
		国内部门	国外部门	劳动报酬	财产收入	经常转移			
机构部门	国内部门			PD11	PD2	SD	JN	PD12	D′
	国外部门			RP1	RP2	RS			EY′
分配支出	劳动报酬	PI11	EP1						P11′
	财产收入	PI2	EP2						P2′
	经常转移	SI	ES						DI′
可支配收入		Z1	Z2						Ż
生产税净额		PI12							P12′
总支出		D	EY	P11	P2	DI	J̇N	P12	

令：

$$U = \begin{pmatrix} PD11 & PD2 & SD \\ RP1 & RP2 & RS \end{pmatrix} \quad V = \begin{pmatrix} PI11 & EP1 \\ PI2 & EP2 \\ SI & ES \end{pmatrix}$$

$$\underline{U} = (P11 \quad P2 \quad DI)$$
$$\overline{V} = (P11′ \quad P2′ \quad DI′)′$$
$$G = (D \quad EY)$$
$$SS = (PD12 + JN \quad 0)′ \tag{6.29}$$
$$SZ = (PI12 + Z1 \quad Z2)$$
$$JS = (PD12 \quad 0)′$$
$$JZ = (PI12 \quad 0)$$

U 对应的部门收入市场份额系数矩阵为：
$$F^* = U \cdot (\hat{U})^{-1} \tag{6.30}$$
U 对应的部门收入结构系数矩阵为：
$$F = (\hat{G})^{-1} \cdot U \tag{6.31}$$
V 对应的部门支出市场份额系数矩阵为：

$$X^* = (\hat{V})^{-1} \cdot V \qquad (6.32)$$

V 对应的部门支出结构系数矩阵为：

$$X = V \cdot (\hat{G})^{-1} \qquad (6.33)$$

基于国民收入核算矩阵的生产税净额的交易乘数模型的推导，是从重新编排的国民收入核算矩阵的行的方向出发，将生产税净额和增加值合并相加作为一个外生变量，根据国民收入核算矩阵行的方向分配收入、生产税净额收入与增加值、总收入之间存在的平衡关系，以及整个国民收入核算矩阵收入表与支出表的平衡关系，在生产税净额的部门乘数模型推导出的基础上，可以继续进行生产税净额的收入交易模型的推导。

根据行平衡关系，有：

$$g_i = \sum_{j=1}^{m} u_{ij} + ss_i \qquad (i=1, 2, \cdots, n) \qquad (6.34)$$

由于：

$$u_{ij} = f_{ij}^* \cdot \underline{u_j} \qquad (6.35)$$

所以：

$$G' = F^* \cdot \underline{U} + SS \qquad (6.36)$$

又由于：

$$\overline{v_i} = \sum_{j=1}^{n} v_{ij} = \sum_{j=1}^{n} x_{ij} \cdot g_j \qquad (6.37)$$

$$\underline{u_j} = \overline{v_i} \quad 即\underline{U} = G \cdot X' \qquad (6.38)$$

所以：

$$G' = F^* \cdot X \cdot G' + SS \qquad (6.39)$$

整理后：

$$G' = (I - F^* \cdot X)^{-1} \cdot SS \qquad (6.40)$$

因此：

$$\underline{U} = G \cdot X' = SS' \cdot [(I - F^* \cdot X)^{-1}]' \cdot X' \qquad (6.41)$$

在增加值保持不变的情况下：

$$\Delta G' = (I - F^* \cdot X)^{-1} \cdot \Delta JS \qquad (6.42)$$

$$\Delta \underline{U} = \Delta JS' \cdot [(I - F^* \cdot X)^{-1}]' \cdot X' \qquad (6.43)$$

令：

$$\delta = [(I - F^* \cdot X)^{-1}]' \cdot X' \qquad (6.44)$$

则：

$$\Delta \underline{U} = \Delta JS' \cdot \delta \qquad (6.45)$$

由于只有政府部门获得生产税净额收入，假定各机构部门增加值保持不变，有：

$$
\begin{cases}
\Delta\underline{u}_1 = \Delta js_3 \cdot \delta_{31} \\
\Delta\underline{u}_2 = \Delta js_3 \cdot \delta_{32} \\
\vdots \\
\Delta\underline{u}_m = \Delta js_3 \cdot \delta_{3m}
\end{cases} \tag{6.46}
$$

则 δ_{3j} 表示政府部门生产税每变化一个单位所带来的第 j 种交易项目的变化。δ_{3j} 可以理解为在增加值保持不变的情况下，政府部门生产税净额的交易乘数。表 6.7 和表 6.8 给出了 2001 年和 2011 年的政府生产税净额的交易乘数矩阵。

表 6.7　　　　　　　　　　2001 年政府生产税净额收入的交易乘数

指标	劳动者报酬	利息	红利	租金	其他财产收入	收入税	社会保险缴款	社会保险福利	社会补助	其他经常转移
政府	0.4077	0.0517	0.0008	0.0000	0.0016	0.0065	0.0281	0.0960	0.0393	0.0037

表 6.8　　　　　　　　　　2011 年政府生产税净额收入的交易乘数

指标	劳动者报酬	利息	红利	租金	其他财产收入	收入税	社会保险缴款	社会保险福利	社会补助	其他经常转移
政府	0.3544	0.0579	0.0040	0.0002	0.0039	0.0112	0.0433	0.1174	0.0586	0.0137

从政府生产税净额收入的交易乘数矩阵可知，在增加值保持不变的情况下，政府生产税净额收入每变化一个单位，引起劳动者报酬的变化量最大，但近 10 年来呈现明显的下降趋势，2001 年为 0.4077，2011 年为 0.3544，也就是说政府生产税净额收入每变化一个单位对劳动者报酬的获得影响最大，但这一影响呈现下降的趋势；其次为社会保险福利，2011 年政府生产税净额收入每变化一个单位，引起社会保险福利的变化率为 0.1174。近年来，除对劳动报酬以外，其他政府生产税净额收入的交易乘数均呈现上升的趋势，也就是说政府生产税净额收入的变化对其他各交易项目的影响均呈现不同程度的增加，说明近年来作为政府财政收入主要来源的政府生产税净额收入对社会福利和社会保障的支付力度增强，对社会转移支付以及初次分配交易项目的影响都在增强。

6.4　劳动报酬支出的交易乘数模型及应用

　　根据国民收入核算矩阵的存在的平衡关系，还可以从列的方向建立劳动报酬支出的交易乘数模型，对劳动报酬的波动效应进行分析。为便于劳动报酬支出的交易乘数模型的推导和理解，我们重新对国民收入核算矩阵表进行了编排，在国民收入核算矩阵收入表与支出表中分别将劳动者报酬列向量移动到增加值列向量之后，将劳动者报酬行向量移动到可支配收入行向量之后。重新编排的国民收入核算矩阵如表 6.9 所示。

表 6.9　　　　　　　　国民收入核算矩阵简表（劳动报酬外生）

		机构部门		分配收入			增加值	劳动报酬	总收入
		国内部门	国外部门	生产税净额	财产收入	经常转移			
机构部门	国内部门			$PD12$	$PD2$	SD	JN	$PD11$	D'
	国外部门				$RP2$	RS		$RP1$	EY'
分配支出	生产税净额	$PI12$							$P12'$
	财产收入	$PI2$	$EP2$						$P2'$
	经常转移	SI	ES						DI'
可支配收入		$Z1$	$Z2$						$\dot{Z}$
劳动报酬		$PI11$	$EP1$						$P11'$
总支出		D	EY	$P12$	$P2$	DI	$\dot{JN}$	$P11$	

令：

$$U = \begin{pmatrix} PD12 & PD2 & SD \\ 0 & RP2 & RS \end{pmatrix} \quad V = \begin{pmatrix} PI11 & 0 \\ PI2 & EP2 \\ SI & ES \end{pmatrix}$$

$$\underline{U} = (P12 \quad P2 \quad DI)$$

$$\overline{V} = (P12' \quad P2' \quad DI')'$$

$$G = (D \quad EY)$$

$$SS = (PD11 + JN \quad RP1)' \qquad\qquad (6.47)$$

$$SZ = (PI11 + Z1 \quad EP1 + Z2)$$

$$BS = (PD11 \quad RP1)'$$

$$BZ = (PI11 \quad EP1)$$

U 对应的部门收入市场份额系数矩阵为：

$$F^* = U \cdot (\hat{U})^{-1} \qquad (6.48)$$

U 对应的部门收入结构系数矩阵为：

$$F = (\hat{G})^{-1} \cdot U \qquad (6.49)$$

V 对应的部门支出市场份额系数矩阵为：

$$X^* = (\hat{V})^{-1} \cdot V \qquad (6.50)$$

V 对应的部门支出结构系数矩阵为：

$$X = V \cdot (\hat{G})^{-1} \qquad (6.51)$$

基于国民收入核算矩阵劳动报酬支出的交易乘数模型的推导，是从重新编排的国民收入核算矩阵的行的方向出发，将劳动报酬和增加值合并相加作为一个外生变量，根据国民收入核算矩阵列的方向分配收入、劳动报酬与增加值、总收入之间存在的平衡关系，以及整个国民收入核算矩阵收入表与支出表存在的平衡关系，来进行劳动报酬支出的交易乘数模型的推导。

根据列平衡关系有：

$$g_j = \sum_{i=1}^{m} v_{ij} + sz_j \qquad (j = 1, 2, \cdots, n) \qquad (6.52)$$

由于：

$$v_{ij} = x_{ij}^* \cdot \bar{v}_i \qquad (6.53)$$

所以：

$$G' = X'^* \cdot \bar{V} + SZ' \qquad (6.54)$$

又由于：

$$\underline{u_j} = \sum_{i=1}^{n} u_{ij} = \sum_{j=1}^{n} f_{ij} \cdot g_i \qquad (6.55)$$

$$\underline{u_j} = \bar{v}_i \quad 即 \bar{V} = F' \cdot G' \qquad (6.56)$$

所以：

$$G' = X'^* \cdot F' \cdot G' + SZ' \qquad (6.57)$$

整理后：

$$G' = (I - X^{*\prime} \cdot F')^{-1} \cdot SZ' \qquad (6.58)$$

因此：

$$\bar{V} = F' \cdot G' = F' \cdot (I - X^{*\prime} \cdot F')^{-1} \cdot SZ' \qquad (6.59)$$

在增加值保持不变的情况下：

$$\Delta G' = (I - X^{*\prime} \cdot F')^{-1} \cdot \Delta BZ' \qquad (6.60)$$

$$\Delta \overline{V} = F' \cdot (I - X^{*\prime} \cdot F')^{-1} \cdot \Delta BZ' \tag{6.61}$$

令：

$$\alpha = F' \cdot (I - X^{*\prime} \cdot F')^{-1} \tag{6.62}$$

则：

$$\Delta \overline{V} = \alpha \cdot \Delta BZ' \tag{6.63}$$

所以，α 即为在增加值保持不变的情况下，劳动报酬支出的交易乘数矩阵，表示劳动报酬支出与各分配支出流量总量的关系。α_{ij} 表示 j 部门劳动报酬每变化一个单位所引起的 j 部门的第 i 种支出交易项目变化多少。表 6.10 和表 6.11 给出了 2001 年和 2011 年劳动报酬支出的交易乘数矩阵。

表 6.10　　　　　　　2001 年劳动报酬支出的交易乘数矩阵

机构部门	非金融企业	金融机构	政府	住户	国外
生产税净额	0.002	0.032	0.451	0.020	0.002
利息	0.038	0.735	0.089	0.042	0.040
红利	0.018	0.035	0.030	0.009	1.216
租金	0.000	0.000	0.003	0.000	0.000
其他财产收入	0.000	0.000	0.001	0.001	0.000
收入税	0.000	0.008	0.117	0.005	0.001
社会保险缴款	0.000	0.008	0.108	0.005	0.001
社会保险福利	0.000	0.003	0.005	0.028	0.000
社会补助	0.000	0.001	0.002	0.012	0.000
其他经常转移	0.006	0.041	0.021	0.009	0.033

表 6.11　　　　　　　2011 年劳动报酬支出的交易乘数矩阵

机构部门	非金融企业	金融机构	政府	住户	国外
生产税净额	0.002	0.029	0.382	0.028	0.011
利息	0.056	0.744	0.094	0.056	0.133
红利	0.049	0.059	0.058	0.015	1.291
租金	0.000	0.001	0.015	0.001	0.000
其他财产收入	0.000	0.001	0.008	0.006	0.001
收入税	0.001	0.011	0.142	0.010	0.004
社会保险缴款	0.001	0.011	0.151	0.011	0.004
社会保险福利	0.000	0.005	0.010	0.045	0.005
社会补助	0.000	0.003	0.005	0.023	0.003
其他经常转移	0.010	0.084	0.033	0.019	0.263

在劳动报酬支出的交易乘数矩阵中，各支出交易项目所在的行向量表示各机构部门劳动报酬支出每变化一个单位所需要各部门的该支出交易项目变化的数量。各机构部门所在的列向量表示某个机构部门劳动报酬支出变化一个单位所需要的各分配支出交易项目变化的数量。

在行的方向，以利息为例进行说明。利息所在的行向量表示各机构部门劳动报酬支出每变化一个单位所需要的各部门利息支出变化的数量。通过数据观察可见，金融机构部门劳动报酬变化一单位对利息的影响最大，2001年为0.735，2011年为0.744，也就是说金融机构部门的劳动报酬支出量对利息的影响比较大。非金融企业、政府、住户、国外的劳动报酬变化对利息的影响相对来说都比较小。而且近年来，劳动报酬支出对各机构部门利息的影响均呈现不同程度的上升趋势。对非金融企业来说，劳动报酬对它的利息支出的影响2001年为0.038，到2011年为0.056；对政府来说，劳动报酬对它的利息支出的影响2001年为0.089，到2011年为0.094；对住户部门来说，劳动报酬对它的利息支出的影响2001年为0.042，到2011年为0.056。

在列的方向，以住户部门为例进行说明。住户部门所在的列向量表示住户部门劳动报酬每变化一个单位所需要的住户部门各交易项目变化的数量。通过数据观察可见，住户部门劳动报酬支出变化一单位对其他交易项目的影响程度都比较小。但总体来说，自2001~2011年的这段时期，住户部门劳动报酬支出变化一单位对其他交易项目的影响均呈现上升的趋势。

第 7 章

在国民收入核算矩阵框架下完善
我国资金流量表的建议

国民收入核算矩阵是一个反映各机构部门以增加值为起点，经过收入初次分配、收入再分配，形成各机构部门的可支配收入，继而各部门进行收入使用，形成消费和储蓄的一个完整过程。对国民收入核算矩阵的编制和应用方法的研究对于研究收入分配问题具有重要导向的作用。

（1）目前国内人们普遍重视资金流量表中的金融交易表，而对资金流量表的收入流量表重视不够。国民收入流量表重点研究国民收入的初次分配和再分配关系，而理顺收入分配结构，加速收入分配方式的改革，是我国当前社会和经济改革的重点方向，所以，加强国民收入流量表研究对于我国收入分配制度改革具有重要意义，也对提升经济统计科学研究水平具有重要意义。

（2）国家统计局公布的用于反映收入分配的资金流量实物交易表只是采用账户表式，在经济分析应用方面有其很大的局限性，无法建立乘数模型等进行分析，所以编制国民收入核算矩阵是很有必要的。如果官方统计系统能够定期公布国民收入核算矩阵，将能够有力推进国民收入资料在更广泛和更深层次的范围使用。

（3）国家统计局公布的用于反映收入分配的资金流量实物交易表有很多不完善的地方，甚至有重大错误。例如破坏了国民经济核算平衡原则，这对于国内外正确利用统计数据造成了困惑，本书对其进行了修正。在国民收入核算矩阵中保持了各方平衡关系，对消除社会误解有一定的重要意义。

（4）由于国民收入核算矩阵是社会核算矩阵（SAM）的组成部分，我国当前还没有官方编制的 SAM，因此，国民收入核算矩阵的编制，将推进社会核算矩阵的编制工作向前迈进。本书从理论上给出了国民收入核算矩阵与社会核算矩阵的衔接关系，也在另外的课题中进行了实践尝试，在积木式社会核算矩阵中，本书编制的国内收入核算矩阵能够严密地与社会核算矩阵衔接。

（5）国民收入核算矩阵可以分为"S－By－T"与"S－By－S"表，现实统计中没有"S－By－S"数据，但它对于分析是有用的，本书运用"部门收入转移法"推导出了连续年度的"S－By－S"表，实践证明其方法是可行的，是有推广价值的。

（6）本书设计了一套国民收入流量组合预测模型（NCFM）并将其用于国民收入核算矩阵延长表的编制中，解决了国家统计部门公布数据的滞后问题，从本书所完成的实际编制过程可以证明该方法是合理的，也是可行的。

（7）国民收入运动过程中，对涉及的一些总量指标的系统预测是国民收入核算矩阵延长表预测的一个重点。收入分配过程中涉及的各指标之间都是存在着相互依存、相互制约、相互影响的关系的，对各总量指标的单独预测会破坏收入分配数据的准确性。本书设计了一套包含7个行为方程、2个定义方程的国民收入动态均衡联立方程模型，这种采用联立方程组的模型形式对于国民收入分配系统中各总量的预测是比较准确的做法。

（8）平衡预测问题是编制国民收入核算矩阵延长表的一个难点，它要求两个收入和支出矩阵同时平衡。本书采用李宝瑜和张帅最初提出的双矩阵RAS（DRAS）法解决了这个难题，同时首次对DRAS法给出了全面的数学描述，也解决了实际编制中如何应用的问题。可以认为，DRAS法是目前最有效的方法之一，在今后的资金流量延长表编制中，具有较大的推广价值。

（9）基于国民收入核算矩阵对国民收入分配关系的分析应用，可以从不同的角度进行。由于国民收入核算矩阵包括两种表格形式，这两种表格形式所反映的内容是不同的，因此可以基于这两种不同的表格形式进行不同内容的分析，即可以基于"S－BY－T"表对部门交易收入分配关系进行分析，也可以基于"S－BY－S"表对部门间收入分配关系进行分析。

基于国民收入核算矩阵"S－BY－T"表，还可以从不同的角度进行收入分配关系的分析。例如可以从分析内容、分析工具、分析对象、分析时期、分析方法等角度进行。也就是说可以从初次分配、再分配、收入使用的内容方面；从"S－BY－T"表组成子矩阵的角度方面；从流量分析和系数分析方面；从静态和动态分析方面；从乘数模型和国民收入一般均衡模型方面等将国民收入初次分配、再分配的收入和支出过程联系起来，作为一个互相有联系的相对完整的系统，对部门交易间的收入分配关系进行了综合分析。本书通过国民收入核算矩阵表的编制，在表的基础上计算出了几组国民收入系数矩阵，分别为部门收入市场份额与部门支出市场份额矩阵、部门收入结构系数与部门支出结构系数矩阵、部门分配收入结构系数和部门分配支出结构系数矩阵，并在这几组国民收入系数矩阵的基础上进行部门交易关系的分析。

在国民收入核算矩阵"S – BY – S"表的基础上，还可以从部门间流量和部门间系数的角度进行部门间收入分配关系分析。在"S – BY – S"表的基础上可以计算出两组系数矩阵，分别是直接收入系数与直接支出系数矩阵、部门分配收入系数与部门分配支出系数矩阵。通过部门间关系系数矩阵和流量的分析，可以较好地理解国内各部门，以及国内与国外的收入分配关系。

（10）在国民收入核算矩阵表编制的基础上，可以建立可支配收入部门乘数模型、增加值部门乘数模型、生产税净额收入交易乘数模型、劳动者报酬支出交易乘数模型等乘数模型形式对收入分配问题进行深入研究。通过这四组乘数模型的推导，可以更直观地展现出部门交易间的传递和影响关系。从可支配收入部门乘数模型的推导过程中，可以得出完全收入系数矩阵、部门依存度和部门依存度系数、部门支撑度和部门支撑度系数；在增加值部门乘数模型推导的过程中，可以得出完全支付系数矩阵、部门影响力和部门影响力系数、部门感应度和部门感应度系数；在生产税净额收入的交易乘数模型推导过程中，可以认清政府生产税净额收入对其他分配收入获得项目的完全影响；在劳动者报酬支出的交易乘数模型推导过程中，可以认清劳动者报酬支付对其他分配收入支付项目的完全影响。这种部门和交易的乘数模型形式能反映部门交易间的直接和间接影响，该种方法对收入分配问题的研究是非常深入的，对现实收入问题的研究也是非常有意义的。

（11）本书设计的国民收入核算矩阵表和一套基于国民收入核算矩阵表的分析方法，对于国民收入分配关系的研究是非常有帮助的。由于篇幅和精力有限，笔者不可能从各个方面对收入分配关系进行具体详细的分析。由于受实际数据资料的限制，基于国民收入与支出数据建立的国民收入动态均衡联立方程模型是在 1992 ~ 2011 年的 20 年时间序列数据基础上所做的模型，时间序列数据不是太长，模型效果不是太好。不过，本书的主要目的是提供一套国民收入分配关系的研究思路和研究方法，对于模型好坏的要求并不是主要的。

（12）本书的主要目的是介绍国民收入核算矩阵的编制，以及基于国民收入核算矩阵所建立的模型介绍，所以本书对基于国民收入核算矩阵的具体国民收入分配关系的分析不够详细，针对国民收入分配系统中存在的问题没有进一步剖析，以及转型时期我国国民收入分配改革的具体对策和规划没有具体的给出。对于后续基于国民收入核算矩阵的国民收入分配关系研究，有必要利用中国数据进行进一步的实证分析。

附表 1

2008 年国民收入核算矩阵 "S – BY – T" 表

单位：亿元

列分组：机构部门（1–5）｜初次分配收入（6–11）｜再分配收入（12–16）｜增加值（17–19）

项目	编号	非金融企业 1	金融机构 2	政府 3	住户 4	国外 5	劳动者报酬 6	生产税净额 7	利息 8	红利 9	租金 10	其他财产收入 11	收入税 12	社会保险缴款 13	社会保险福利 14	社会补助 15	其他经常转移 16	劳动报酬 17	生产税净额 18	总营业盈余 19	总收入
																					-20
机构部门 非金融企业	1								8 316	6 983		80						67 129	35 237	83 584	202 680
金融机构	2								23 464	396								4 326	1 754	8 783	40 229
政府	3							39 556	1 893	1 599	1 337	717	14 898	13 696				23 890	498	5 301	105 517
住户	4						150 512		9 798	732		1 262			9 925	5 157		54 723	2 067	26 754	264 747
国外	5						190		67	5 522							654				6 432
初次分配支出 劳动者报酬	6	67 129	4 326	23 890	54 723	635															150 702
生产税净额	7	35 237	1 754	498	2 067																39 556
利息	8	14 814	21 354	3 587	3 638	146															43 538
红利	9	7 510	738			6 983															15 231
租金	10	1 313			24																1 337
其他财产收入	11	717	1 074	267																	2 058
再分配支出 收入税	12	8 717	2 458		3 722																14 898
社会保险缴款	13			1 561	12 135																13 696
社会保险福利	14			9 925																	9 925
社会补助	15	95		5 062																	5 157
其他经常转移	16	1 697	1 418	183	2 512	3 651															9 461

续表

	编号	机构部门					初次分配收入						再分配收入					增加值			总收入
		非金融企业	金融机构	政府	住户	国外	劳动者报酬	生产税净额	利息	红利	租金	其他财产收入	收入税	社会保险缴款	社会保险福利	社会补助	其他经常转移	劳动报酬	生产税净额	总营业盈余	
		1	2	3	4	5	6	7	8	9	10	11	12	13	14	15	16	17	18	19	20
农村居民消费	17				27 677																27 677
城镇居民消费	18				83 993																83 993
政府消费	19			41 752																	41 752
储蓄	20	65 451	7 106	18 792	74 256	-4 982	6 432	150 702	39 556	43 538	15 231	1 337	2 058	14 898	13 696	9 925	5 157	9 461	150 067	39 556	160 623
总支出	21	251 302	202 680	40 229	105 517	264 747															124 422

附表 2

2008 年国民收入核算矩阵 "S - BY - S" 表

单位：亿元

	编号	收入初次分配					收入再分配					增加值			总收入
		非金融企业	金融机构	政府	住户	国外	非金融企业	金融机构	政府	住户	国外	劳动报酬	生产税净额	总营业盈余	
		1	2	3	4	5	6	7	8	9	10	11	12	13	14
收入初次分配 非金融企业	1	6 300	4 458	695	695	3 230						67 129	35 237	83 584	201 329
金融机构	2	8 178	11 527	1 933	1 960	260						4 326	1 754	8 783	38 723
政府	3	38 232	3 135	747	2 249	739						23 890	498	5 301	74 791
住户	4	71 178	9 820	24 831	55 472	1 002						54 723	2 067	26 754	245 847
国外	5	2 830	306	36	75	2 533									5 779
收入再分配 非金融企业	6	74 609					242	203	26	359	521				75 960
金融机构	7		9 477				270	226	29	400	581				10 983
政府	8			46 549			9 100	2 778	1 602	16 424	822				77 274
住户	9				185 395		780	573	15 061	1 014	1 474				204 296
国外	10					-1 985	117	98	13	174	252				-1 331
可支配收入使用 农村居民消费	11									27 677					27 677
城镇居民消费	12									83 993					83 993
政府消费	13								41 752	74 256					41 752
储蓄	14						65 451	7 106	18 792	74 256	-4 982				160 623
总支出	15	201 329	38 723	74 791	245 847	5 779	75 960	10 983	77 274	204 296	-1 331	150 067	39 556	124 422	1 247 696

主要参考文献

[1] A. D. Bain. Surveys in applied economics: flow of funds analysis [J]. The Economic Journal, 1973 (12).

[2] Andreas Irmen, Rainer Klump. Factor substitution, income distribution and growth in a generalized neoclassical model [J]. German Economic Review, 2009 (4).

[3] Athanasios L. Athanasenas, Constantinos Katrakilidis. An eclectic causality model for income growth: evidence from Greece [J]. European Research Studies, 2008.

[4] Ian Dew – Becker, Robert J. Gordon. Where did the productivity growth go? Inflation dynamics and the distribution of income [J]. NBER Working Paper, 2005.

[5] Benabou Roland, Efe A. Ok. Social mobility and the demand for redistribution: the poum hypothesis [J]. The Quarterly Journal of Economics, 2001.

[6] R. M. Biggs. National income analysis and forecasting [M]. Norton, 1956.

[7] Andres Blancas. Interinstitutional linkage analysis: a social accounting matrix multiplier approach for the Mexican economy [J]. Economic Systems Research, 2006.

[8] Olivier J. Blanchard. The Medium Run [J]. Brooking Papers on Economic Activity, 1997 (2).

[9] Bretschneider Stuart I., Wilpen. L. Gorr. State and local government revenue forecasting [J]. The Handbook of Forecasting: A Manager's Guide, New York: John Wiley and Sons, 1987.

[10] Bretschneider Stuart I., Wilpen. L. Gorr. Economic, organizational and political Influences on biases in forecasting state tax receipts [J]. Interna-

tional Journal of Forecasting, 1992 (7).

[11] Richard H. Clarida, Manuela Goretti, Mark P. Taylor. Are there thresholds of current account adjustment in the G7 [R]. Working Paper, 2005.

[12] Copeland Morris Albert. A study of money flows in the United States [M]. NBER, 1952.

[13] Jorgenson Dale W., Landefeld J. Steven, Nordhaus William D. A new architecture for the U. S national accounts [M]. The University of Chicago Press, 2006.

[14] Emilie Daudey, Cecilia Garcia – Penalosa. The personal and the factor distributions of income in a cross-section of countries [J]. Journal of Development Studies, 2007 (5).

[15] J. Defourny, E. Thorbecke. Structural path analysis and multiplier decomposition within a social accounting matrix framework [J]. The Economic Journal, 1984.

[16] I. Diwan. Debt as sweat: Labor, financial crises, and the globalization of capital [C]. World Bank working paper, Washington D. C., 2001 (7).

[17] George W. Downs, David M. Rocke. Municipal budget forecasting with multivariate ARMA models [J]. Journal of Forecasting, 1983 (4).

[18] G. Duncan, Wilpen L. Gorr., J. Szczypula. Bayesian forecasting for seemingly unrelated time series: an application to local government forecasting [J]. Management Science, 1993.

[19] Flávio Vilela Vieira. An investigation on the role of institutions for income and growth models [J]. Economia Aplicada, 2011 (3).

[20] Francisco Javier De Miguel – Velez, Jesus Perez – Mayo. Poverty reduction and SAM multipliers: an evaluation of public policies in a regional framework [J]. European Planning Studies, 2010.

[21] Fraumeni, B. M.. The measurement of depreciation in the U. S. national income and product accounts [J]. Survey of Current Business, 1997.

[22] G. Garvy. Functional and size distributions of income and their meaning [J]. The American Economic Review, 1954 (2).

[23] C. Green, V. Murinde. Flow of funds: implications for research on financial sector development and the real economy [J]. Journal of International Development, 2003.

［24］C. Hayden, J. I. Round. . Developments in social accounting methods as applied to the analysis of income distribution and employment issues ［J］. World Development, 1982.

［25］Holmes J. , P. Hutton. On the casual relationship between government expenditures and national income ［J］. The Review of Economics and Statistics, 1990 (1).

［26］Irina Tytell, Florence Jaumotte. How has the globalization of labor affected the labor income share in advanced countries ［C］. International Monetary Fund, Working Papers, 2007.

［27］J. Gregory Ballentine, Ronald Soligo. Consumption and earnings patterns and income distribution ［J］. Economic Development and Cultural Change, 1978 (4).

［28］Arjun Jayadev. Capital account openness and the labour share of income ［J］. Journal Cambridge Journal of Economics, 2007 (3).

［29］Jeremy Rudd, Karl Whelan. Does the labor share of income drive inflation ［C］. Board of Governors of the Federal Reserve System, Finance and Economics Discussion Paper, 2002 (30).

［30］Kaldor, N. . Alternative theories of distribution ［J］. The Review of Economic Studies, 1956 (2).

［31］Kevin M. Murphy, Andrei Shleifer, Robert Vishny. Income distribution, market size, and industrialization ［J］. The Quarterly Journal of Economics, 1989 (3).

［32］H. A. Khan. Social accounting matrices (SAMs) and CGE modeling: using macroeconomic computable general equilibrium models for assessing poverty Impact of structural adjustment policies ［J］. Faculty of Economics, University of Tokyo, 2007.

［33］Lawrence R. Klein. International capital flows and exchange rates, flow of funds analysis: a handbook for practitioners ［M］. M. E. Sharpe, 1983.

［34］Lawrence R. Klein. Some potential linkages for Input – Output analysis with Flow-of – Funds ［J］. Economic Systems Research, 2003.

［35］Zhicheng Liang. Financial development and income distribution: A System GMM panel analysis with application to urban China ［J］. Journal of Economic Development, 2006 (2).

[36] Llop Maria, Manresa Antonio. Income distribution in a regional economy: a SAM model [J]. Journal of Policy Modeling, 2004 (6).

[37] Alfred Marshall. Principles of economics [M]. Palgrave MacMillan, 1890.

[38] A. Marshall. Economice development with unlimited supplies of labor [J]. The Manchester School, 1954 (2).

[39] Masaaki Kuboniwa, Nadezhda Mikheeva. Social accounting matrices for Russia for 1995 - 2001 [J]. Institute of Economic Research. Hitotsubashi University, 2004.

[40] R. A. Mundell. International economics [M]. The Macmillan Company, New York, 1968.

[41] C. Green, V. Murinde. Flow of funds: implication for research on financial sector development and the real economy [J]. Economic Research Paper, 2000 (6).

[42] Brain Musaga. Using a social accounting matrix to generate a computable general equilibrium model: The case of Uganda [J]. Institute of Statistics & Applied Economics Makerere University Kampala, Uganda, June 2008.

[43] M. D. Partridge. Does income distribution affect U. S. state economic growth [J]. Journal of regional science, 2005 (2).

[44] T. Piketty, Emmanuel Saez. The evolution of Top Incomes: a historical and international Perspective [J]. American Economic Review, 2006 (2).

[45] G. Pyatt, J. I. Round. The distribution of income and social accounts: a study for Malaysia in 1970 [J]. Washington, D. C. : World Bank, Development Research Center, 1978.

[46] G. Pyatt, J. I. Round. Accounting and Fixed - Price multipliers in a social accounting matrix framework [J]. Economic Journal, 1979.

[47] Ratbek Dzhumashev, Gahramanov Emin. A growth model with income tax evasion: some implications for Australia [J]. The Economic Record, 2010.

[48] Günther Rehme. Education, economic growth and measured income inequality [J]. Economica, 2007.

[49] Reto Foellmi, Josef Zweimüller. Income distribution and Demand-Induced innovations [J]. Review of Economic Studies, 2006.

[50] Sherman Robinson. A note on the U hypothesis relating income inequali-

ty and economic development [J]. The American Economic Review, 1976 (3).

[51] M. Santos. Distribution of aggregate income in Portugal from 1995 to 2000 within a SAM (Social Accounting Matrix) framework [J]. Modelling the household sector, 2004.

[52] Nouriel Roubini, Brad Setser. The US as a net debtor: the sustainbility of the US external imbalances, 2004.

http://people. stern. nyu. edu/nroubini/papers/Roubini – Setser – US – External-Imbalances. pdf.

[53] D. Shin. Bipolarization of the income distribution after the recent financial crisis: trends, causes, and policy implications [J]. Study of Economics, 2007 (4).

[54] S. Singh. Causality between public expenditure and national income [J]. The Review of Economics and Statistics, 1984.

[55] A. Smithies. Forecasting postwar demand [J]. Econometrica, 1945 (1).

[56] Stone, John Richard Nicholas. The social accounts from a consumer's point of view [J]. Review of Income and Wealth, 1966 (12).

[57] Sexton, Terri A.. Forecasting property taxes: a comparison and evaluation of methods [J]. National Tax Journal, 1987 (1).

[58] Thaiprasert Nalitra. Rethinking the role of the agricultural sector in the Thai economy and its income distribution: a SAM analysis [J]. Forum of International Development Studies, 2004.

[59] Kyyrä Tomi, Maliranta Mika. The micro-level dynamics of declining labour share: lessons from Finnish great leap [C]. The Research Institute of the Finnish Economy, 2006.

[60] U. N. System of National Accounts 1993 & System of National Accounts 2008.

[61] Roland – Holst David W, Sancho Ferran. Modeling prices in a SAM structure [J]. The Review of Economics and Statistics, 1995.

[62] Martin L. Weitzman. The simple macroeconomics of profit sharing [J]. American Economic Review, 1985 (5).

[63] Michael Woodford. The Taylor rule and optimal monetary policy [J]. American Economic Review, 2001 (2).

［64］Nan Zhang. The flows of funds in East Asia ［J］. Journal of Economic Sciences，2003（2）.

［65］［美］马丁·布朗芬布伦纳：《收入分配理论》，华夏出版社2010 年版。

［66］安体富、蒋震：《对调整我国国民收入分配格局、提高居民分配份额的研究》，载于《经济参考》2009 年第 25 期。

［67］白重恩、钱震杰：《谁在挤占居民的收入》，载于《中国社会科学》2009 年第 5 期。

［68］贝多广：《中国资金流动分析》，上海人民出版社 1995 年版。

［69］贝多广、骆峰：《资金流量分析方法的发展和应用》，载于《经济研究》2006 年第 2 期。

［70］查纯：《基于灰色理论城镇居民收入的预测分析》，湖北工业大学，2010 年，http：//epub. cnki. net/kns/brief/default_result. aspx。

［71］陈年红、宋昭猛：《我国居民收入增长趋势预测》，载于《数量经济技术经济研究》2000 年第 4 期。

［72］程碧波：《均衡增长模型及在经济分析中的应用》，中国社会科学院，2007 年，http：//epub. cnki. net/kns/brief/default_result. aspx。

［73］范金、郑庆武：《中国地区宏观金融社会核算矩阵的编制》，载于《当代经济科学》2003 年第 5 期。

［74］范晓静、张欣：《基于社会核算矩阵乘数的中国产业、居民相对收入分析》，载于《统计研究》2010 年第 6 期。

［75］高淑桃：《全面建设小康社会必须构筑新的收入分配格局》，载于《理论月刊》2005 年第 12 期。

［76］龚刚、杨光：《从功能性收入看中国收入分配的不平等》，载于《中国社会科学》2010 年第 2 期。

［77］郭浩：《对中国资金流量表的分析》，载于《财经科学》2001年第 4 期。

［78］国家统计局国民经济核算司：《中国国民经济核算》，中国统计出版社 2003 年版。

［79］国家统计局国民经济核算司：《中国经济普查年度资金流量表编制方法》，中国统计出版社 2006 年版。

［80］胡秋阳：《投入产出式资金流量表和资金关联模型》，载于《数量经济技术经济研究》2010 年第 3 期。

[81] 胡莹：《收入分配测量问题研究综述》，载于《生产力研究》2007 年第 15 期。

[82] 江春、蹇娜、颜冬：《收入分配与金融结构：基于中国和日本两国的比较研究》，载于《贵州财经学院学报》2013 年第 1 期。

[83] 江春、吴宏：《中国的国际收支失衡：基于收入分配的新视角》，载于《财经问题研究》2009 年第 10 期。

[84] 蒋萍、贾帅帅：《基于矩阵式资金流量表的涉外交易考察》，载于《统计研究》2012 年第 4 期。

[85] 金艳鸣、雷明：《居民收入和部门产出变化的研究：基于中国社会核算矩阵的乘数分析应用》，载于《南方经济》2006 年第 6 期。

[86] 凯恩斯：《就业、利息和货币通论》，商务印书馆 1981 年版。

[87] 雷宏：《金融投入产出的资源占用问题分析》，载于《决策参考》2006 年第 3 期。

[88] 李宝瑜：《国民经济核算与分析》，中国统计出版社 1994 年版。

[89] 李宝瑜：《中国国民收入流量表研究》，载于《统计研究》2001 年第 6 期。

[90] 李宝瑜、张帅：《我国部门间收入流量测算及特征分析》，载于《统计研究》2007 年第 11 期。

[91] 李宝瑜、周南南：《国民收入流量矩阵的编制与预测方法研究》，载于《统计研究》2012 年第 8 期。

[92] 李扬：《中国开放过程中的资金流动》，载于《经济研究》1998 年第 2 期。

[93] 廖明球：《国民经济核算基本表和机构部门账户的重组》，载于《统计研究》1996 年第 3 期。

[94] 林毅夫、刘明兴：《中国的经济增长收敛于收入分配》，载于《世界经济》2003 年第 8 期。

[95] 刘骏民、肖红叶：《以虚拟经济稳定性为核心的研究——全象资金流量观测系统》，载于《经济学动态》2005 年第 3 期。

[96] 刘霖、秦宛顺：《收入分配差距与经济增长之因果关系研究》，载于《福建论坛》2005 年第 7 期。

[97] 刘文勇：《城乡居民收入分配格局和谐演进的制度分析》，载于《经济与管理》2006 年第 11 期。

[98] 刘玉龙、陆大道、刘卫东：《中国沿海地区国民收入预测的新

组合模型》，载于《地理科学》1996 年第 4 期。

[99] 卢国杰：《对重构新时期收入分配格局的思考》，载于《上海金融学院学报》2004 年第 4 期。

[100] 梅新育：《后发国家更需优化收入分配格局》，载于《今日中国论坛》2011 年第 3 期。

[101] 彭爽、叶晓东：《论 1978 年以来中国收入分配格局的演变，现状与调整对策》，载于《经济评论》2008 年第 2 期。

[102] 彭志龙：《资金流量表与其他核算表的关系》，载于《中国统计》1994 年第 10 期。

[103] 彭志龙：《我国宏观收入分配核算概念的界定、难点及改进思路》，载于《统计研究》2012 年第 1 期。

[104] 任俊敏：《资金流量表中的投入产出分析》，载于《统计与咨询》2000 年第 21 期。

[105] 任俊敏：《资金流量研究》，载于《山西统计》2002 年第 5 期。

[106] 任太增：《政府主导、企业偏向与国民收入分配格局失衡——一个基于三方博弈的分析》，载于《经济学家》2011 年第 3 期。

[107] 史德信、郑桂环、汪寿阳：《中国经济的内部平衡与外部平衡——从国民收入账户分析中国的贸易平衡》，载于《公共管理学报》2005 年第 4 期。

[108] 宋树仁、钟茂初、孔元：《中国居民收入分配格局的测度及演进趋势分析》，载于《上海经济研究》2010 年第 2 期。

[109] 孙静娟：《国民经济核算与经济预测》，载于《统计与预测》1994 年第 3 期。

[110] 田卫民：《最优国民收入分配研究》，南开大学，2009 年，http://epub.cnki.net/kns/brief/default_result.aspx#。

[111] 王传伦：《资金流量分析的内容和应用》，载于《世界经济》1980 年第 1 期。

[112] 王小鲁、樊纲：《我国地区差距的变动趋势和影响因素》，载于《经济研究》2004 年第 1 期。

[113] 王洋、柳欣：《资金流量核算的新方法》，载于《统计预测与决策》2008 年第 3 期。

[114] 魏巍贤、曾建武、原鹏飞：《基于社会核算矩阵的厦门市产出与居民收入乘数分析》，载于《统计研究》2008 年第 2 期。

［115］伍超明、韩学红：《宏观资金流量观测模型：新资金流量矩阵》，载于《财经问题研究》2006 年第 2 期。

［116］夏鹏：《基于基尼系数的收入分布格局研究》，浙江工商大学，2009 年，http://epub.cnki.net/kns/brief/default_result.aspx#。

［117］肖红叶、王健：《我国居民收入分配格局的统计分析》，载于《统计研究》2001 年第 7 期。

［118］肖红叶、郝枫：《中国收入初次分配结构及其国际比较》，载于《财贸经济》2009 年第 2 期。

［119］徐斌：《我国居民收入分配的变化和趋势探讨》，载于《商业时代》2009 年第 34 期。

［120］许宪春：《中国资金流量分析》，载于《金融研究》2002 年第 9 期。

［121］闫肃：《经济增长、储蓄结构与收入分配——我国国民收入分配格局问题研究》，载于《经济经纬》2011 年第 1 期。

［122］游广武、金铎：《构造社会产品——资金流动模型的设想——投入产出模型与资金流动模型相结合的新尝试》，载于《统计研究》1991 年第 3 期。

［123］余少谦：《资金流量表分析方法的拓展及其运用》，载于《福建金融管理干部学院学报》2005 年第 6 期。

［124］余少谦：《资金流量的投入产出分析》，载于《福建金融管理干部学院学报》2006 年第 2 期。

［125］余少谦：《资金流量表分析方法研究的评述》，载于《福建金融管理干部学院学报》2007 年第 4 期。

［126］袁国敏：《我国劳动份额变动的宏观影响因素分析》，载于《山东财政学院学报》2012 年第 1 期。

［127］张南：《中国的对外资金循环与外汇储备的结构性问题》，载于《数量经济技术经济研究》2009 年第 9 期。

［128］张晓芳、石柱鲜、黄红梅：《基于社会核算矩阵的中国收入再分配效应分析》，载于《财贸研究》2011 年第 2 期。

［129］赵孟华、原鹏飞：《中国 2005 年社会核算矩阵的构建及其应用》，载于《统计与决策》2009 年第 11 期。

［130］周小亮：《优化居民收入分配格局》，载于《社会科学研究》2011 年第 2 期。